WHITE EAGLE

DER GEISTIGE PFAD

Aquamarin Verlag

Kontaktadressen:
Deutschland:
White Eagle Centre Deutschland e.V.
Annemarie Libera
Schraystr. 3 • D-82110 Germering
Tel.: 089/ 841 77 90 • Fax: 089/ 840 060 38
e-mail: white-eagle-muc@t-online.de
www.whiteeagle.de

Schweiz:
Stern-Zentrum der White Eagle Lodge
Carol Sommer
Dorfbergstr. 14 • CH-3550 Langnau
Tel. und Fax: (0041) (0)34/ 402 36 36
e-mail: whiteagle.schweiz@tiscali.ch

Titel der englischen Originalausgabe:
Spiritual Unfoldment I
© The White Eagle Publishing Trust
New Lands, Liss, Hampshire, England

Übersetzung: Walter Ohr und Karl Friedrich Hörner
10. Auflage 2007
© Aquamarin Verlag
Voglherd 1 • D-85567 Grafing
Druck: Ebner & Spiegel • Ulm

ISBN 978-3-89427-243-2

INHALT

	EINFÜHRUNG von Grace Cooke	7
I	GEISTIGE ENTFALTUNG	11
	Entfaltung geschieht durch Harmonie	13
	Welches sind eure Beweggründe?	19
	Eine gesunde Seele in einem gesunden Körper	20
	Ganzheit	23
	Haltung	27
	Atmung	29
II	DIE MENSCHLICHE AURA	34
	Der Duft der Aura	40
	Die Chakras	41
III	KONTAKTE ZWISCHEN DEN WELTEN	45
	Die Astralebenen	48
	Übersinnliche Kontakte	51
IV	WEISHEIT AUS HÖHEREN SPHÄREN	55
	Die Hallen des Lernens	57
	Von der Sinnwidrigkeit, Beweise zu verlangen	58
	Der geistige Lehrer und Führer	59
	Der Schutzengel	63
V	AUSSERSINNLICHE WAHRNEHMUNG UND GEISTIGE FÄHIGKEITEN	67
	Ihr bestimmt eure Lebensumstände	68
	Entfaltung geistiger Gaben	70
	Ätherisches Sehen	72
	Entfaltung der Hellsichtigkeit	75
	Hellhören	79

	Hört das große „OM" des Lebens	81
	Der innere Frieden	83
	Das Abendmahl	85
VI	DAS LEBEN IM JENSEITS	88
	Der Kern des Lebens ist Geist	94
	Persönliche und göttliche Liebe	96
	Unsere Einstellung zum Leben	98
VII	DER VERSTAND IM HERZEN UND DIE ERINNERUNG AN FRÜHERE LEBEN	101
	Das Rad der Wiedergeburt	104
	Das höhere Selbst	107
	Warum können wir uns nicht erinnern?	110
VIII	KARMA	116
	Die göttliche Mutter	118
	Sinn und Zweck des Karma	120
	Entfaltung kommt auf natürliche Weise	122
	Die Umwandlung des Karma durch Heilung	124
	Eine Meditation, die glücklich macht	126
	Gereinigt von allem Karma	128
IX	GEISTIGES HEILEN	132
	Zurück zur seelischen Ganzheit	136
	Die Macht der Gedanken	139
	Die Heilengel	142

EINFÜHRUNG

VON GRACE COOKE

Den größten Teil meines Lebens habe ich dem Studium geistiger Erkenntnisse gewidmet und zu beweisen versucht, dass man den Schleier durchdringen kann, der zwischen der materiellen Welt und der sie umgebenden unsichtbaren Sphäre liegt. Die landläufige Ansicht ist, der Mensch dürfe erst *nach* seinem Tod etwas über jene höheren und feineren Sphären, die uns umgeben, wissen und dass, wenn er einmal jenseits angekommen ist, keine Möglichkeit mehr bestehe, Verbindung mit seinen Freunden auf der Erde aufzunehmen.

In diesem Buch zeigt uns White Eagle, wie wir, während wir noch auf Erden sind, die Schönheit eines vollkommeneren Lebens erfahren können und wie ätherische Brücken zwischen den inkarnierten und den nicht-inkarnierten Menschen zu beiderseitiger Freude und Beglückung gebaut werden können.

Er lehrt uns, dass wahres Hellsehen eine tiefe geistige Erfahrung ist. Während zugegebenermaßen bei Mensch und Tier ein spontanes übersinnliches Sehen möglich ist, besteht doch ein großer Unterschied zwischen diesem spontanen 'Sehen' und wahrer, geistiger Schau, dem eigentlichen Hellsehen. Das Erstere kann auf Täuschung beruhen, das Zweite ist das Ergebnis von Wissen und einer Schulung geistiger Fähigkeiten, die latent in jeder Seele vorhanden sind. Wenn wir White Eagles Führung folgen, lernen wir, dass es zahlreiche Ebenen gibt und man sein Bewusstsein auf diese Ebenen erweitern kann. Diese Bewusstseinserweiterung reicht von flüchtigen Eindrücken vorbeiziehender Gedanken oder schattenhafter Formen, von Lichterscheinungen oder wolkiger Farben, bis hin zur klaren Vision hoher Wesen, die von pulsierendem Leben durchdrungen sind. Zur Umwelt dieser hochentwickelten Wesen gehören wundervolle Landschaften, Musik- und Kunstschulen, Universitäten und herrliche Tempel der Gottesverehrung.

Jenseits dieser Sphären liegen die höheren Mentalebenen und die himmlischen Reiche, die mit irdischen Worten nicht mehr beschrieben werden können.

Um solche Visionen erleben zu können und klare Erinnerungen an sie im physischen Gehirn zurückzubehalten, setzt sowohl Ausdauer und regelmäßiges Üben und Meditieren als auch unbeirrte Einhaltung einer ethischen Lebensweise voraus. Aus White Eagles Belehrungen geht klar hervor, dass unter einer ethischen Lebensweise eine geistige Lebenseinstellung, ein zu Gott strebendes, gesundes, reines, diszipliniertes und ausgeglichenes Leben gemeint ist. Der Mensch, der geistige Erleuchtung sucht, soll Gott in sich verwirklichen, so gut er es vermag. Mit seinem ganzen Herzen, seiner ganzen Seele und seinem ganzen Gemüt möge er seinen Schöpfer verehren und, indem er Gott und seinen Nächsten liebt, einen Geist des guten Willens und der Freundlichkeit in seine Umgebung ausstrahlen.

White Eagle bemüht sich, uns aufzuzeigen, dass die Entwicklung der notwendigen Kraft, um den Schleier zwischen den beiden Welten gefahrlos zu durchdringen, nicht nur von Wissen abhängt, sondern auch davon, wie weit Demut, Liebe und Einfachheit der Seele entwickelt sind. Hingabe an das geistige Leben und unablässige Bemühungen, die Technik des „Nachinnengehens" zu meistern, um den Kernpunkt der Wahrheit zu finden, lohnt sich. Der Mensch wird entdecken, dass er mit geistigen Gaben ausgerüstet ist, die ihn frei machen und die ihm gestatten, die inneren Welten zu erreichen und sich restlos von der Unsterblichkeit der Seele zu überzeugen.

Während meines ganzen Lebens wurde mir geholfen, meine geistigen Gaben zu entwickeln, um den Abgrund zwischen den zwei Lebenssphären zu überbrücken und Kenntnisse aus den höheren Welten zurückzubringen. White Eagle, mein geistiger Führer und Lehrer, hat mit mir und durch mich gesprochen und auf diese Weise das Wissen vermittelt, wie man diese Gaben gefahrlos entwickeln und zum Wohl der Menschheit anwenden und welchen Beitrag man zum Glück und zur Harmonie des irdischen Lebens leisten kann.

In White Eagles Namen lege ich dieses Buch in die Hände des Lesers und hoffe, dass er darin vieles findet, das ihn tröstet und inspiriert.

I
GEISTIGE ENTFALTUNG

Wir öffnen unsere Herzen der Liebe und stellen uns ganz auf Gott ein. Wir wissen, der Weg zur geistigen Entfaltung ist die Liebe. Deshalb beten wir zu Gott, der uns sowohl Vater als auch Mutter ist, dass wir ganz von Liebe erfüllt werden. Während wir uns mehr und mehr in der Liebe entfalten, werden wir weiser und stärker in der Kraft Gottes. Möge die heilige Dreiheit Liebe – Weisheit – Kraft in unseren Herzen und in unserem Leben Wirklichkeit werden.

Der eigentliche Sinn des menschlichen Lebens ist es, die Wahrheit zu finden; Wahrheit, die sich durch unser eigenes inneres Selbst enthüllen wird. Während wir nach der Wahrheit suchen, die tief in uns verborgen liegt, schwinden die Schranken, die unser niederes Selbst errichtet hat, und wir werden frei – frei, um mit unseren Lieben im Jenseits in Kontakt zu treten, frei, um mit den kosmischen Strahlen der Lebenskraft und Heilung in Berührung zu kommen und diese im Dienst für unsere Mitmenschen einzusetzen, und frei, um uns mit jenen Wesen, die der Menschheit dienen, zu verbinden.

Der Pfad, der sich den Berghang zu den geistigen Gipfeln emporwindet, ist lang und steil, und bis der Mensch einen Schimmer der Herrlichkeit erhascht, die ihn einmal erwartet, bleibt er den materiellen Ebenen verhaftet. Er erleidet Schmerz, Krankheit, Einsamkeit und Beschränkung; er bleibt gefangen in Furcht, Groll, Angst, und er ist heimgesucht von Gewalttätigkeiten und Kriegen. Doch keiner braucht auf den Tod des Körpers zu warten, um Glückseligkeit zu empfinden und sein wirkliches Wesen zu erkennen. Wenn der Mensch nicht lernt, nach dem Geistigen zu forschen, während er noch auf der Erde lebt, wird er keine vollkommene Freiheit und Freude nach dem Ablegen seines physischen Leibes finden können.

Eine wunderbare Zukunft erwartet jede Seele. Die Erforschung des Geistigen aber bringt harte Arbeit mit sich, doch kann harte Arbeit sehr interessant sein. Wenn du Musik liebst und du dich durch Musik ausdrücken möchtest, wird es dir eine Freude sein, ein Instrument zu spielen. Wenn du an etwas Wertvollem interessiert bist, nimmst du jede Mühe auf dich und errechnest nicht, was dich das Erreichen deines Zieles kostet. So sollte es auch mit der Arbeit sein, die du für deine Seele tust.

Den Pfad, der zum Tempel der Seele führt, müssen wir alle beschreiten. Der weltliche Verstand, das normale Denken, muss hierzu verlangsamt werden. Du kannst nicht hoffen, zur Quelle der Wahrheit in deinem Inneren zu gelangen, wenn dein Denken von unwichtigen Einzelheiten des irdischen Lebens erfüllt ist. An diesem Punkt musst du zu unterscheiden lernen, weil das irdische Leben so viele Ansprüche stellt, dass die Aufmerksamkeit des Individuums gewöhnlich ganz auf die Bedürfnisse seines Alltags gerichtet ist. So viele unwichtige Dinge nehmen so große Bedeutung im irdischen Denken an. Wenn du deine Aufmerksamkeit jedoch entschlossen auf das gerichtet zu halten vermagst, was auf der geistigen Seite deines Lebens stattfindet, und dabei versuchst, Eindrücke vom höheren Selbst wahrzunehmen, wird es dir gelingen, jenes beharrliches Fordern des irdischen Verstandes zu überwinden. Wir raten dir, dich nicht darauf zu verlegen, den niederen Aspekt deines Lebens zu unterdrücken, sondern vielmehr, das Schöne zu bestärken. Wir raten dir, das echte, spirituelle Wachsen deines wahren Selbst in der täglichen Verbindung zu fördern, bis eine natürliche Entfaltung eintritt, eine natürliche Entwicklung jener Seele, die schon seit unzähligen Jahren lebt.

ENTFALTUNG GESCHIEHT DURCH HARMONIE

Wir möchten dich anregen, ein Leben zu kultivieren, das der Erkenntnis Gottes entgegen strebt, auf den Bahnen der schönen Musik und Literatur, mit einem Geschmack für harmonische und schöne Farben, für schöne Formen und Kunstfertigkeit, für die Schönheiten von Mutter Erde und durch eine Liebe zu der herrlichen braunen Erde – bis du sie mit den Händen greifen und fassen und deine Nase in sie stecken willst, um ihren Duft tief in dich einzuatmen wie das Göttliche, das in ihr ist. Du atmest und liebst Gott und nimmst ihn in dein Wesen auf, wenn du die braune, duftende Erde berührst. Und du steckst deine Nase in eine Rosenblüte und kostest von ihrer Süße, du riechst das frisch gemähte Gras, die frische Nachtluft oder den herrlichen Regen. Entwickle diese Wertschätzung über die Sinne und lerne, den Regen zu lieben, anstatt mit gereizter Stimmung auf ihn zu reagieren!

Der Leitgedanke ist dabei, mit diesen Kräften der Natur so in Harmonie zu gelangen, dass du auf das Unendliche eingestimmt wirst und Gottes mehr und mehr gewahr wirst. Der Duft und das Aroma von Blumen und Bäumen, all die süßen Düfte der Natur, die herrlichen Himmelsbilder, ob blau oder grau, der silbern strahlende Mond, der sternenübersäte Himmel, der warme Sonnenschein, die Musik des Windes in den Bäumen, ob der Wind leicht und sanft ist oder kräftig und heftig. Es ist die Stimme Gottes, was durch die Bäume klingt: Kannst du das herrliche „OM" hören und spüren, wie deine Seele darauf anspricht? Auf diese Weise beschleunigen sich deine Schwingungen und werden angehoben, bis du eins wirst mit den Geistern der Luft. Du wirst frei von dem physischen Körper, du bist keine gefangene Seele mehr. Du bist eins mit den Geistern der Natur, den Kindern Gottes. Wahrhaft frei!

Dies ist alles spirituelle Entwicklung, eine spirituelle Entfaltung. Sie bedeutet zu lernen, dich von deinem eigenen Willen zu befreien, dich von den Grenzen des physischen Körpers zu befreien. Es ist eine Gabe, die viele noch zu entfalten haben, ein Geschenk in jedem von euch, das Gott euch gab, damit ihr es entfaltet. Es sind die Schwingen des Geistes, deshalb breitet die Flügel eurer Seele aus. Du kennst die Flügel, die der Sphinx trägt, es sind Adlerflügel. Bedeutet dies nicht, dass die Seele des Menschen lernen muss, durch die Luft zu fliegen wie der Adler, der zum Himmel emporsteigt?

Dies ist ein Pfad, ein Weg der Entfaltung, nämlich auf natürliche Weise mit der Natur eins zu werden. Dies geschieht nicht unbedingt durch Meditieren, sondern in gewissem Sinne durch aktives Tun: Durch das bewusste Kontaktaufnehmen mit den äußeren Dingen, wobei die inneren Sinne und eine Wertschätzung der äußeren Schönheit eben dieser äußeren Dinge des Lebens geweckt werden. Auf diesem Wege werden dein physischer Körper bessere Gesundheit erlangen und dein Denken sowie dein Bewusstsein und die spirituelle Erkenntnis eine Ausdehnung erfahren.

Andere Seelen wiederum können über ihren Verstand und durch Meditation ein viel tieferes spirituelles Gewahrsein, ein Gewahrsein des geistigen Lebens erlangen, etwa indem sie viel Zeit in der Meditation verbringen und ihre Chakras für das Einfließen des himmlischen Lichtes öffnen. Oft neigt der westliche Verstand mehr zum Weg der Tat, der östliche zum Weg der Meditation. Für alle, die sich zu dem ganz meditativen Weg hingezogen fühlen, ist er sehr schön und muss mit Behutsamkeit beschritten werden; es gilt stets, das Gleichgewicht zu bewahren. Doch ein gewisses Maß an Meditation ist für die Entfaltung des spirituellen Verständnisses und der spirituellen Kräfte absolut unabdingbar. Aus unserer Sicht ist die Meditation eine Einstimmung, ein Eingestimmt-Werden auf den Unendlichen Geist.

So vielen Menschenwesen fällt es schwer, ihre Gedanken auf das Ziel zu konzentrieren, das sie verfolgen. Doch Gedanken sind notwendig, um das menschliche Verstandesdenken beherrschen zu lernen; nicht wenige, die ihr Denken hübsch und ordentlich unter Kontrolle gebracht haben, verengten und beschränkten es dabei. Es ist eine sehr gute Übung, jeden Tag über einen bestimmten Gegenstand oder ein Thema zu meditieren. Das tägliche Meditieren und Sammeln der Seelenkraft erschafft einen Brennpunkt innerhalb der Seele, von dem aus die in der Seele gespeicherte Weisheit hervorscheinen wird. Darüber hinaus hilft uns die Meditation, das uralte Selbst zu erkennen und macht die Gottesstrahlung manifest, die auf alle Geschöpfe scheinen wird. Damit tust du Gutes für dich selbst und andere. Drittens vermittelt uns die Meditation die Kraft, unser Denken zu konzentrieren und zu beherrschen, und damit sind wir ganz am Anfang unseres Umgangs mit dem, was man in esoterischen Kreisen als *weiße Magie* bezeichnet. Weiße Magie ist die Kraft der Liebe, die genutzt und eingesetzt wird von einem Eingeweihten, einem Jünger und von Schülern, wenn diese weit genug fortgeschritten sind.

Überwindet die Begrenzungen der Materie – heilt die Kranken an Geist und Körper, erweckt die Toten zum Leben! Die weiß-magische Kraft ist die Kraft der Liebe – die Christus-Liebe, die nichts für sich selbst verlangt, sondern allein zum Guten des Ganzen wirkt, auf dass das Gute sich in allen Lebensformen manifestiere.

Um an sich zu arbeiten, braucht es nicht unbedingt lange Meditationen. Der Weg der Meditation ist nicht unbedingt *dein* Weg. Hast du dich jedoch einmal für einen bestimmten Weg entschieden, folge ihm unentwegt. Renne nicht wie ein Eichhörnchen hierhin und dorthin, in der Annahme, dass ein anderer einen besseren Weg gefunden habe, den auszuprobieren sich lohne. Wie Kinder, wenn sie Blumen pflücken und von einem Fleck zum anderen rennen, um zu sehen, ob nicht ein anderes Kind noch schönere Blumen finde, so eilen die "Kinder der Erde" hierhin und dorthin auf der Suche nach geistigen Wahrheiten.

Die Zeit wird kommen, wo deine innere Stimme zu dir spricht: Dies ist mein Weg, hier werde ich Frieden finden, diesem Weg werde ich folgen, komme was mag.« Nachdem du deine Entscheidung getroffen hast, solltest du dabei bleiben. Du wirst dies nicht immer leicht finden, aber wenn du ausharrst und geduldig bist und vor allem niemals Glauben und Vertrauen verlierst, wird dein Weg dich unfehlbar zum Ziel führen.

Während du dem geistigen Pfad folgst, musst du lernen, zwischen den Regungen des niederen weltlichen und des höheren göttlichen Selbst zu unterscheiden, zwischen dem Wirklichen und dem, was unwirklich und vergänglich ist. Das niedere Selbst wohnt in uns allen und verleitet uns dazu, die Realität der geistigen Wahrheiten zu bezweifeln. Während du dich im Geistigen vervollkommnest, wirst du immer wieder von Zweifeln heimgesucht. Diese Zweifel geben sich als Vernunft aus, eine Vernunft, die angeblich gewissenhaft und ehrlich die einfache Wahrheit einer Täuschung vorzieht. Dieser zweifelnde weltliche Verstand wird versuchen, mit dir zu argumentieren und dir vor Augen zu führen, dass das, was deine geistige Vision dir enthüllt, nicht nachgewiesen werden kann und nur deiner Einbildungs- oder Vorstellungskraft entspringt.

Dieser weltliche Verstand hat seine Berechtigung und kann dich innerhalb gewisser Grenzen führen, dann, wenn er gelernt hat, sich dem *göttlichen* Verstand zu fügen. Eine Wahrheit, die der weltliche Verstand als völligen Unsinn ablehnt, kann vom höheren Verstand erkannt und angenommen werden. Für das höhere Empfinden der Seele (die Intelligenz des Menschen als Unterschied zu seinem intellektuellen Verstand) kann diese Wahrheit wie ein seltener Edelstein sein. So müssen wir unterscheiden lernen; und wenn wir dem Kaiser das Weltliche gegeben haben, welches notwendigerweise dem Kaiser gehört, dann suchen wir nach der Perle der Wahrheit.

Ein weiser Lehrer hat gesagt, dass nur zwei Arten von Menschen in der Welt sind: Die Wissenden und solche, die nicht wissen. Menschen, die sich Gottes Gegenwart überall und zu jeder Zeit bewusst sind als eine ständige Tröstung und Inspiration, die wissen, dass sie Führung und Erleuchtung von den höheren Welten der Weisheit und Schönheit erhalten können, und solche, die nichts über diese Dinge wissen und daher leben, als wären sie in einem dunklen Raum gefangen. Jene unter euch, die wissen oder wenigstens beginnen zu wissen, haben ihr geistiges Wachsein durch geduldiges Mühen, durch mancherlei Erfahrungen und Leiden erworben. Ihr müsst aber immer wachsam sein und an euch arbeiten, um diese Erkenntnisse nicht zu verlieren, denn obwohl die Sehnsucht nach dem Licht des Geistes in euch wächst, will das Erdenselbst euch dazu bringen, zu zweifeln, zu verurteilen und sogar das wachsende Licht in eurem Herzen zu vernichten. Der Mensch muss hart und lange kämpfen, bis das Licht in ihm so machtvoll und stark wird, dass Zweifel ihn nicht mehr bedrängen können.

Die Zweifel und Fragen, die euch befallen, sind wie die Stimme der Schlange im Garten Eden, die Adam und Eva verführte, die Früchte des Irdischen zu essen und ihren Gott zu ignorieren.

Bemühen wir uns nicht alle, die Stimme des Geistes zu hören, auch wenn wir ständig vom Lärm der äußeren Welt bedrängt werden? Lasst euch nicht verwirren, wenn die Leute behaupten, es gäbe keine jenseitige Welt, keine

Möglichkeit, Kranke mit geistigen Mitteln zu heilen. Die so sprechen, leben im Dunkeln und können es nicht wissen. Wie in der Bibel geschrieben steht: »Die Toten wissen nichts.« Sendet ihnen das Licht der Liebe und seid euch bewusst, dass auch sie einst wissen werden. Zwingt anderen nicht eure Meinung auf. Argumente führen selten zum Ziel und überzeugen kaum. Jene Leute meinen es gut, aber auf dem Weg, den ihr gewählt habt, müsst ihr der Stimme des Geistes treu bleiben, treu jenen, die euch in eurem Entwickeln und Wachsen helfen. Dabei entwickelt ihr einen sechsten Sinn, die Intuition.

WELCHES SIND EURE BEWEGGRÜNDE?

Die Entfaltung des Geistes sollte niemals aus eigennützigen Motiven, aus Liebe zur Sensation oder aus Neugierde angestrebt werden, sondern nur, weil wir erkannt haben, dass dadurch unser Körper gesund und unser Geist strahlend werden kann und wir deshalb besser fähig werden, unseren Mitmenschen und allen Geschöpfen zu helfen. Der wesentliche Beweggrund zu geistiger Entfaltung irgendwelcher Art sollte *selbstlos* sein. Es wird Geduld gefordert, völlige Hingabe und die Erkenntnis, dass ihr nicht berufen seid, eure Arbeit in der Öffentlichkeit zu tun, um andere zu beeindrucken oder um Anerkennung oder Belohnung zu erhalten. Die meisten von euch werden in *der Stille* arbeiten. Auch ein Leben, das an Hausarbeit gebunden ist, kann sehr schöpferisch sein. Jeder Mensch befindet sich auf jenem Posten, wo er am nützlichsten ist und die Möglichkeit hat, sein Bestes zu tun. Der unbekannte Mann oder die unbekannte Frau kann unter Umständen mehr zur Förderung der menschlichen Rasse beitragen als einer, dessen Name in aller Munde ist. Der wesentliche Sinn der geistigen Entfaltung liegt darin, ein Lichtzentrum zu werden, aus dem die Liebe Gottes ausstrahlen kann. Dann wird sich der Mensch nicht länger nach all jenen »großen« Dingen sehnen, die sein Ego vollbringen möchte; vielmehr wird er wünschen, dass durch ihn größere Liebe in alle Lebensbereiche ausstrahlen möge. Der Schüler, der ichbezogen und egozentrisch wird, der nach geistigem Wissen und Gaben verlangt, weil sie ihm größere Macht gäben, verliert alle geistige Qualität. Er gleicht einem Eimer mit durchlöchertem Boden: Je mehr man hinein zu füllen versucht, desto mehr geht rasch verloren. Wer aus egoistischen Motiven nach geistigen Gaben strebt, wird sie niemals erlangen, weil alles Wissen, das er je aus Büchern erwerben kann, einfach durch den Boden des Eimers zerrinnt, wenn das Bewusstsein des Schülers nicht gut und rein ist.

EINE GESUNDE SEELE IN EINEM GESUNDEN KÖRPER

Das Wesentliche in der geistigen Entfaltung und in der Vorbereitung für Heiler, für solche, die ein Kanal für das Licht sein wollen, ist eine gesunde Seele in einem gesunden Körper. Alle Gewohnheiten, die den Körper erschöpfen, die Krankheit in Gemüt und Seele verursachen, sind schädlich und sollten unterlassen bleiben. Korrekte geistige Entwicklung wird den Körper gesund machen, und ein gesundes Gemüt, eine gesunde Seele wiederum hilft der Entfaltung von geistigen Qualitäten und Fähigkeiten.

Denkt daran, dass wir beides sind, Sender und Empfänger. So wie wir fähig sind, auf Beeinflussung und Eindrücke der unsichtbaren Welten anzusprechen, so reagieren wir auch auf weltliche Einflüsse, auf die Schwingungen, die durch die Gedanken und das Leben anderer ausgestrahlt werden. Oft erlauben wir uns, von Furcht, Ärger, Hass und allen Arten von Gemütsbewegungen sowie von körperlichen Krankheiten überschattet oder besessen zu werden. Wir verstehen oft nicht, warum wir uns so fühlen, und obgleich wir uns sehr bemühen, können wir unseren unbekannten Gegner nicht überwinden. Wir sind dann wahrhaftig in einem Zustand des Un-Wohlseins.

Sprechen wir allzu offen? Ihr sucht doch geistige Entfaltung, ihr wünscht eure geistigen Fähigkeiten zu entwickeln – also müsst ihr lernen, euer »Instrument« zu gebrauchen. Bevor ihr ein Musikinstrument spielen könnt, müsst ihr die entsprechende Technik beherrschen, ihr müsst lernen, mit der Sprache umzugehen, wenn ihr eure Feder gebrauchen wollt und gute Kenntnisse von Formen und Farben haben, wenn ihr vorhabt, Bilder zu malen. So müsst ihr auch gewillt sein, den Preis für eure geistige Entwicklung zu bezahlen und euch einer Schulung unterziehen, einem Training, das diese Entwicklung von euch fordert. Diese Schulung benötigt eine ständige Reinigung eurer geistigen Einstellung, bis sie, zumindest bis zu einem gewissen Grade, Gesundheit, Ganzheit und Heiligkeit offenbart. Meine Freunde, wie könnt ihr erwarten, einen gesunden Körper zu haben, wenn eure Seele krank ist? Ihr werdet antworten, dass ihr eine Menge gesunder Leute kennt, deren Seele jedoch weit davon entfernt scheint, gesund zu sein. Aber das ist nur eine Frage der

Zeit. Ihre körperliche Gesundheit wird nicht lange währen, wenn der Seele Ruhe und Harmonie fehlen.

Deshalb denkt immer positiv, aufbauend, schöpferisch und optimistisch. Wir sprechen nicht von einem sinnlosen Optimismus, sondern von Zuversicht, wissend, dass hinter aller scheinbaren Verwirrung des Erdenlebens die göttliche Absicht an der Arbeit ist, geistige Qualitäten im Menschen zu entwickeln. Wäret ihr geschult, eure Gedanken gesund zu erhalten, könntet ihr niemals in einen Strudel von Depressionen und Angst absinken. Ihr würdet im Denken positiv sein und wissen, dass letztlich alles zur Vollkommenheit führt. Was auch immer geschieht oder auf euch zukommt, hinter allem steht Gottes Güte.

Oft seid ihr verwirrt und beunruhigt, weil so vieles eure Aufmerksamkeit erheischt, und mit dem Kopf arbeitet ihr zu intensiv. Ihr tut eine Arbeit hundertmal in Gedanken, wenn ihr sie eigentlich nur einmal verrichten müsstet. Ihr sagt immer wieder zu euch selbst: »Ich sollte dies und jenes tun«, aber »dies und jenes« wird nicht getan. Lernt, die Arbeit dann zu tun, wenn sie auf euch zukommt, und erledigt sie in aller Ruhe. Begreift, wie wichtig es ist, das, was auf euch zukommt, anzunehmen und zu bejahen und es wenn möglich sofort zu erledigen.

Kann es nicht sofort erledigt werden, ist es besser, ein Problem ganz aus dem Gedächtnis auszuschalten, bis der richtige Moment kommt, um sich damit zu befassen. Gebt die Gewohnheit auf, euch wegen Kleinigkeiten fortwährend zu sorgen. Bei den meisten Leuten ist der Kopf wie ein unordentlicher Lumpensack. Es ist nicht leicht, durch die Anhäufung eines solchen Krimskrams Eindrücke aus den höheren Welten zu empfangen. Wenn der Kopf vollgestopft ist, können die Strahlen des geistigen Lichtes nicht eindringen und werden so lange abgewiesen, bis endlich in einigen stillen Augenblicken das Eindringen möglich wird. Ist der Kopf mit Gedanken überfüllt, wie kann der Mensch Eindrücke aus den höheren Welten erhalten oder des Engels an seiner Seite gewahr werden? Sei Meister über dich selbst, über deine Gedanken; das ist es, wonach wir alle streben: Meisterschaft.

Ein Meister ist niemals beunruhigt oder in Eile. Wir finden keine Unordnung in seiner Umgebung. Einmal Meister über sich selbst geworden, hat er natürlich auch Einfluss auf die physische Welt, und so leidet er niemals an einer Krankheit, hat keine Kopfschmerzen, keine Erkältung. Ihr meint, wir sollten nicht erwarten, dass einer von euch diesen Zustand erreichen könnte. Nein, meine Freunde, niemand von euch ist ein Meister, aber das ist das Ideal, nach dem ihr strebt.

GANZHEIT

Vor langer Zeit, als Menschen im Kloster ihr Leben Gott weihten, galt es als Sünde, krank zu werden. In einem früheren Leben, an das wir uns noch gut erinnern können, kannten unsere Brüder, die Häuptlinge der Indianer, keine Krankheiten und verließen ihre physischen Körper nicht eines Leidens wegen, sondern nur dann, wenn ihre Inkarnation zu Ende und ihre Zeit für eine Periode der Ruhe und Vertiefung in der geistigen Welt gekommen war. Dann entfernte sich der Geist vom Körper, um in einer höheren Welt Erfrischung zu erhalten. Wie die uralte Mysterienlehre sagt: Wir gehen nach der irdischen Arbeit zur Erholung in den Himmel, und nach der Erholung kehren wir wieder zurück zur Arbeit auf die Erde. Seht einer Zeit entgegen, in der ihr ganz gesund werdet! Es ist eures Vaters Wunsch, dass es so sei, und es gibt keinen Grund, warum dies während eures jetzigen Lebens nicht erreicht werden könnte.

Wenn Menschen bei uns Führung, Rat und Hilfe suchen, können wir nicht immer die Grundsätze erläutern, die des Menschen Gesundheit und Wohlsein bestimmen. Deshalb versuchen wir hier nur einige Gedanken anzudeuten, von denen wir das Gefühl haben, die Ratsuchenden könnten darauf ansprechen. Es wäre nicht weise, unseren Bruder mit Wahrheiten vor den Kopf zu stoßen und ihm damit einen Schock zu versetzen, von dem er sich vielleicht lange Zeit nicht erholen könnte. So sprechen wir gewöhnlich liebevoll mit ihm und geben ihm jene Nahrung des Geistes, von der wir denken, dass er sie zu diesem Zeitpunkt verdauen kann. Dann beobachten wir ihn, und wenn der Bruder beweist, dass er es ernst meint und bemüht ist, einfache Regeln einzuhalten, wird ihm nach und nach mehr enthüllt. Es gibt schonende Wege, anderen zu helfen. Die Wahrheit, die für den einen richtig ist, ist nicht passend für alle. Doch bestehen gewisse Grundregeln für körperliches Wohlbefinden und geistige Schulung.

Eine der Regeln betrifft die Ernährung. Viele Menschen richten einen großen Teil ihrer Aufmerksamkeit, ja viel zu viel davon auf ihre Nahrung. Eure Speisen nähren die verschiedenen Bestandteile eures physischen Körpers und eures Ätherleibes. Wenn ihr grobe Nahrung zu euch nehmt, regt ihr die gröberen Atome an und stärkt sie. Wenn wir von Natur aus eine Neigung zu in der Sonne gereifter Nahrung haben – Früchte, reifes Korn, Quellwasser und die Beeren und Nüsse von Bäumen –, nähren wir die höheren, emporstrebenden Atome in unserem Wesen. Dadurch unterstützen wir unsere geistige Entwicklung. Wenn wir auf gröberer Nahrung bestehen, bedeutet dies, dass unsere Schulung schwieriger und länger dauert – das ist alles.

Von der Geburt bis zum Tod wird der Körper mit giftigen Rückständen angefüllt. Die Nahrungsmittel, die die Zivilisation hervorgebracht hat, neigen dazu, den Körper zu verstopfen. Auch viel von dem Wasser, das ihr trinkt, hat diese Wirkung. Nahrungsmittel des falschen Typs tendieren dazu, das Blut zu verdicken und führen zu Trägheit in mittlerem und höherem Alter. Wenn ihr den geistigen Pfad beschreitet, verfolgt ihr das Ziel, die physischen Atome zu reinigen; wenn ihr reine Körperhüllen wollt, müsst ihr reine Speisen essen.

Es ist besser, kein Fleisch zu essen, weil Tiere so oft im Zustand der Angst getötet werden, und das Blut, das rote Fleisch, überträgt die Angst und die groben Schwingungen auf euch. Ihr wäret entsetzt, schlüge man euch vor, eure menschlichen Geschwister zu verspeisen. Ihr würdet es für abstoßend halten. Es gab eine Zeit, als bestimmte Rassen solches taten, aber ihr betrachtet es als verkommen. In nicht allzu ferner Zeit wird es als verwerflich gelten, das Fleisch irgendeiner lebenden Kreatur zu verzehren, ganz abgesehen von der Grausamkeit, die damit verbunden ist. Grausamkeit ist ein sehr wichtiges Thema, und wer den geistigen Pfad beschreitet, geht jeglicher Grausamkeit aus dem Wege. Es gibt noch viel mehr Grausamkeit als diejenige gegen unsere tierischen Geschwister. Wir bedauern, dass der Mensch das Ausmaß der Grausamkeiten gar nicht erkennt, die er nicht nur den Tieren, sondern auch den eigenen Artgenossen zufügt.

Doch nehmt eure Nahrung und genießt sie. Es gehört zu den erfreulichsten Dingen, den köstlichen Geschmack eurer Speisen aufnehmen zu können. Ihr tragt damit tatsächlich zu eurer geistigen Entwicklung bei; ihr verfeinert euren Geschmackssinn. Nehmt eure Nahrung, dankt Gott dafür und der großen Mutter Erde, die euch die Speisen schenkt. Seid bestrebt, bei Nahrungsmitteln immer die reinste und beste Qualität zu erhalten, die ihr innerhalb der irdischen Grenzen wählen könnt. Trachtet stets nach Vollendung: Ihr könnt sie nicht immer bekommen, strebt jedoch danach. Bemüht euch um Schönheit in eurer ganzen Umgebung, auch die Zubereitung und Darreichung der Speisen sollte ganz harmonisch sein. Betrachtet die Nahrungsaufnahme als Ritual. So sollte es sein, und auf diese Weise fördert ihr euren inneren Geschmackssinn.

Doch es ist nicht so sehr das, was ihr esst, was zählt, als vielmehr die Gedanken, die ihr hegt, und eure allgemeine Einstellung. Deshalb gilt es als Erstes, eine spirituelle Lebenseinstellung zu kultivieren. Euer ganzes Leben sollte ein Emporstreben sein und euch nicht entwürdigen[8], und ihr solltet stets daran denken, dass eure Körper – physischer, mentaler, astraler und spiritueller – Tempel des Heiligen Geistes, des Gottes im Inneren, sind. Deshalb müsst ihr euch darauf einstellen, euer Leben nach der Gottes-Schwingung, der guten, emporstrebenden Schwingung zu richten.

HALTUNG

Eines der ersten Dinge, die du zu lernen hast, ist Entspannung. Dies bedeutet nicht, den Weg so zu bahnen, dass jeder Geist mit dir Kontakt aufnehmen kann; richtig herbeigeführte Entspannung bedeutet vielmehr, in Harmonie mit Gott zu kommen. Du kannst nicht wirklich entspannen, ohne vom Gotteslicht erfüllt zu werden und zu wissen, dass nichts dir zu schaden vermag.

Anspannung bedeutet, sich unbewusst den Belästigungen aus dem Unsichtbaren zu öffnen. Deshalb gilt es also, zuerst zu lernen, in die göttliche Liebe einzutauchen. Bereits die Strahlung des Lichtes aus deinem Lebens- oder Herz-Zentrum bildet einen schützenden Kreis um dich, einen Lichtkreis, der sehr mächtig ist. Er hat magische Eigenschaften.

Wenn wir „magisch" sagen, so verstehe uns nicht falsch. Wir meinen damit eine Kraft, die schöpferisch ist, eine Macht, die allumfassend ist, die keine Schranken oder Grenzen oder Hindernisse physischer oder astraler Natur kennt, die nicht überwindbar sind. Sie ist weder durch Zeit noch durch Raum oder Substanz begrenzt. Sie kann vollbringen, was ihr Wunder nennt.

Die richtige Körperhaltung ist eine große Hilfe. Wenn du übst, gerade zu stehen, Fersen beieinander, Füße im richtigen Winkel, Gewicht auf den Ballen, dann streckt sich das Rückgrat, wird senkrecht und bewirkt den Gleichklang aller Körper. Wenn du dich in den Stuhl fallen lässt, wird das Rückgrat gekrümmt, der ganze Rücken geschwächt und die Wirbel werden als Folge der liederlichen Art zu sitzen zu locker, so dass Rückgratbeschwerden, wie oft sie auch behandelt werden, immer wieder in Erscheinung treten.

Durch ständiges Bemühen wird es dir zur Gewohnheit, gerade, aufrecht und leicht auf den Fußballen zu stehen und zu laufen. Dies verleiht dir die richtige Haltung und einen anmutigen Gang. Hast du einmal einen Indianer beobachtet, wie er läuft? Von ihm kannst du sehr viel über Haltung und Bewegung lernen.

Du wirst es mit der Zeit auch viel bequemer finden, gerade zu sitzen und dich auf dein Rückgrat zu verlassen, statt Halt von der Lehne des Stuhles zu erwarten. Du hast es versucht, sagst du, und findest, es sei unbequem und bereite dir Schmerzen. Das ist deshalb so, weil dein Rücken vom unrichtigen Gebrauch geschwächt ist. Gott hat deiner Wirbelsäule genügend Kraft verliehen, um deinen Rücken bequem gerade zu halten. Versuche es selbst und spüre, welch einen Unterschied es für deine geistige Haltung bedeutet, wenn du dich auch körperlich gerade hältst. Diese Haltung erfüllt dich mit Licht, denn so kann das geistige Licht in den Scheitel deines Kopfes eindringen und ohne Hindernis durch das Rückgrat bis zum untersten Wirbel hindurchfließen. Deine Füße, frei und geschmeidig, wie sie sein sollten, sind in der Lage, magnetische Kräfte aus der Erde zu ziehen, denn die Füße wie auch die Hände sind wichtige empfindsame Zentren. Diese durch deine Aura zirkulierenden magnetischen Kräfte können dir zu der von dir ersehnten Energie und Vitalität verhelfen.

Während deiner Meditationsübungen solltest du aufrecht sitzen, Kopf und Rücken gerade halten, die Hände sollten leicht zusammengelegt, der Körper entspannt, dein

Gemüt gelöst und friedlich sein. So entsteht eine positive Haltung, die dich gegen negative Einflüsse schützt.

ATMUNG

Atme richtig ein, nicht nur in den oberen Teil der Lungen, sondern bis in ihre Tiefe; tief zu atmen, ist Voraussetzung für eine gute Meditation. Atme ein, ohne dich dabei anzustrengen; dies wäre ein Fehler, den wir bei vielen Schülern feststellen. Es ist wichtig, dass du ganz ruhig und gleichmäßig atmest. Wenn du dich beim Atmen irgendwie anstrengst, machst du etwas falsch; du sollst nicht das Gefühl haben, dass du dich bis zum Platzen aufbläst.

Fühle beim Einatmen, dass du Gottes Leben in dich aufnimmst. Atme sehr langsam aus und verströme dabei einen Segen an die Menschheit. Übe dies niemals mit dem Gedanken, dir selbst zu nützen, sondern immer mit dem liebevollen Empfinden, Gottes Leben einzuatmen, jenes wohltuende, herrliche Leben des Vater-Mutter-Gottes. Atme in Liebe aus. Du wirst feststellen, dass du es bald als völlig natürlich empfindest, beim Atmen eher an Gott, an den Großen Geist, zu denken als an dich selbst. Atme mit einem langen Zug harmonisch ein; dann atme wieder aus und verströme mit dem Ausatmen einen Segen an die Menschheit. Dies kann eine sehr schöne Meditation sein.

Versenke dich täglich, mehrmals täglich in das innerste Zentrum alles Lebens und erinnere dich ständig an die alles umfassende Liebe deines Vater-Mutter-Gottes und an die ewige Präsenz des Gottessohnes, des Christus, des Herrn der Menschheit in deiner Seele.

Obwohl die stille Sammlung deiner Aufmerksamkeit auf das Atmen an sich bereits eine hilfreiche Meditation ist, ziehen wir in unserer geistigen Schulung die Methode vor, uns stets und kontinuierlich im Dienst für jedermann und alle zu sehen. Wir empfehlen eine innere Haltung, die jederzeit einen Segen an die ganze Menschheit aussendet. Bei unserer Meditation sind korrekte Haltung und langsameres Atmen förderlich, um einen Zustand der Harmonie zwischen Geist, Seele und Körper zu erlangen. Wenn du deine Liebe hinausgibst und auf jeder Ebene verströmst, so bewirkst du auf natürliche Weise, dass dort spirituelle Entfaltung stattfindet.

Wir empfehlen folgende Übung: Nachdem du zuerst die Nasenlöcher gesäubert hast, stelle dich vor ein offenes Fenster. Während du einatmest, trachte danach, an Gott zu denken, fühle, wie Gott in dich einströmt. Dann, während du ausatmest, sende deinen Segen über alles Leben aus. Durch diese Übung kann dich das geistige Sonnenlicht erfüllen und durchstrahlen und das geistige Zentrum oder Chakra zwischen den Augenbrauen wird angeregt. Von da aus kannst du das Licht zum Herz-Zentrum leiten, um dem Samenatom, das seinen Sitz im menschlichen Herzen hat, geistiges Sonnenlicht zu bringen. Doch davon werden wir später noch sprechen. Mache diese Übung täglich, wenn du kannst und solange du möchtest, doch ohne Anstrengung. Während du übst, richtig und aufrecht zu stehen, zu sitzen und zu gehen, betonst du auch die korrekte *geistige* Haltung. In der Vorstellung blickst du direkt in das Licht der *geistigen* Sonne, so dass du nichts anderes sehen kannst als den Glanz dieser Sonne – die Herrlichkeit des Christus. Du bist dir nicht mehr des gedanklichen Chaos um dich bewusst, sondern siehst nur noch das strahlende Licht Christi.

Mit aufrechtem Rückgrat und richtiger Haltung atme dieses Licht ein, – atme es ein und nimm es in dich auf. Dann sende es aus – verströme es an die Leidenden der Erde.

Du siehst, es ist eine ganz einfache, natürliche und friedvolle Übung, die dir Einklang und Harmonie bringt.

Das Atmen hat den Effekt, dass der Kanal zum Göttlichen, zu Gott, zum Innersten, zum inneren Zentrum harmonisiert wird. Durch Verlangsamen der Atmung und das Atmen des Gotteslebens wird das ganze Wesen harmonisiert und die göttliche Energie, von der wir bereits sprachen, wird in das Wesen gebracht. Das Atmen kann die drei Chakras im Bereich von Herz, Kehle und Kopf miteinander verbinden. Wenn diese drei Zentren in vollständige Übereinstimmung gebracht werden, besteht vollkommene Harmonie; dann geht die Projektion mit großer Macht hinaus. Wenn die Projektion ausgestrahlt wird, soll sie mit dem Atem Gottes verbunden sein. Du atmest göttliche Energie ein, und du atmest oder projizierst den Atem Gottes hinaus, den göttlichen Atem, der segnet und heilt.

Beim korrekten Atmen geht es nicht nur um das Einatmen, sondern auch um das Ausatmen. Du magst es von dir selbst nicht vermuten, doch viele Menschen atmen nur mit dem oberen Teil ihrer Lungen und lassen eine Ansammlung von Giftstoffen im unteren Teil der Lungen zunehmen. Dies mag zeitlebens so gehen. Du solltest lernen, tief zu atmen, du wirst es aber nicht ohne praktische Anwendung üben. Du musst langsam, ruhig und harmonisch atmen. Vertiefe dein Atmen allmählich, bis du auch den unteren Teil der Lungen erreichst, füllst und leerst und die Rippen beim Atmen ausdehnst. Beginne dies mit sechs Atemzügen jeden Morgen.

Wenn du gelernt hast, die Lungen mit frischer Luft zu füllen und das Gift auszuatmen und auf der geistigen Ebene geübt hast, auch das geistige Sonnenlicht einzuatmen, dann übe, abwechselnd durch das rechte und das linke Nasenloch einzuatmen. Es gibt zwei Punkte in unserem Wesen, die solare und die lunare Kontaktstelle. Der solare Kontakt wird durch das rechte Nasenloch hergestellt, wenn du zum solaren Zentrum einatmest; durch das linke Nasenloch atmest du zu dem lunaren Zentrum.

Es ist eine gute Übung, zum Schlafen auf der linken Seite zu liegen und die linke Hand unter die linke Wange zu legen. Diese Haltung wird automatisch dazu führen, dass du durch das rechte Nasenloch einatmest. Du kannst es unterstützen, indem du die rechte Hand unter den linken Arm legst, dort ist ein Nerv, der diese Art zu atmen fördert, wenn er gedrückt wird. Schläfst du in dieser Haltung, so wirst du automatisch solare Energien aufnehmen und damit in deinen physischen und in alle feinstofflichen Körper die spirituellen Lebensatome einatmen. Es ist notwendig, dass wir alle diese Atome anziehen und unser Wesen mit ihnen füllen.

Nun ein Wort zu einem anderen Thema: Wasser. Wir haben euch oft geraten, viel Wasser zu verwenden, innerlich wie äußerlich. Ach, hätten wir doch die Macht, euch mit einem Strom kristallklaren, sonnendurchtränkten Wassers zu versorgen, das ihr täglich trinken und worin ihr täglich baden könntet! Leider ist dies nicht möglich, denn die meisten von euch leben in überfüllten Städten. Wir können uns noch gut erinnern, wie sehr wir alle über die kristallklaren Ströme in unserem eigenen Land erfreut waren, aber das ist lange her.

Ein kaltes Bad in der Wanne ist ein schlechter Ersatz, und wir möchten euch raten, euch nicht auf etwas einzulassen, das euer System übermäßig angreift. Strebt immer nach Harmonie und fallt nicht in Extreme. Sehr heiße Bäder sind ebenfalls ungesund. Wir schlagen vor, dass ihr die Temperatur eurer Bäder reduziert und euch hinterher kräftig bürstet oder frottiert. Genießt es, aber ermüdet euch nicht dabei.

In großen Städten müsste eigentlich gekochtes oder gefiltertes Wasser zum Trinken verwendet werden, denn das verunreinigte Stadtwasser ist nicht gut für die Gesundheit, weil es oft schädliche Ablagerungen zurücklässt.

Trinke jeden Morgen vor deinen Atemübungen ein wenig Wasser. Während du trinkst, überlege dir den Sinn deines Tuns. Denke: »*Mit diesem Schluck Wasser nehme ich göttliche Weisheit in mein Wesen auf.*« Nimm einen zweiten Schluck und denke: »*Ich nehme göttliche Liebe auf.*« Nimm einen dritten Schluck und denke: »*Ich nehme göttliche Kraft auf.*« So kannst du mit jedem Schluck, den du trinkst, ein wenig von diesen drei göttlichen Aspekten in dich aufnehmen, und während du das tust, wirst du sowohl deinen physischen wie auch die anderen feineren Körper reinigen.

Dann atme bewusst ein und bete: »*Segne mich, Odem Gottes, damit ich Deinen Segen allen Menschen, allem Leben und aller Kreatur weitergeben kann...*«

II

DIE MENSCHLICHE AURA

Wir wollen uns nun mit der menschlichen Aura beschäftigen und euch erklären, dass die Wesen aus der geistigen Welt nur mit Hilfe dieser Aura mit den Menschen in Verbindung treten können.

Für die feineren Körper werden verschiedene Ausdrücke gebraucht, und die Ausdrücke, die wir benützen, können verschieden sein von denen, die ihr von anderen geistigen Richtungen gewohnt seid. Wir werden versuchen, so einfach wie möglich über dieses Thema zu sprechen.

Wer keine umfassenden Kenntnisse hat, wird die Aura möglicherweise falsch deuten. Jemand, dessen inneres Auge sich eben zu öffnen beginnt, könnte zum Beispiel eine bläulich gefärbte Aura, die nur einige Zentimeter vom physischen Körper ausstrahlt, sehen und behaupten, er nehme die ganze Aura wahr. Was er aber in Wirklichkeit sieht, ist die vitale Lebenskraft, die den physischen Körper durchdringt und als Mittler zwischen dem geistigen und dem Erdenleben dient. Diese besondere Aura, Ätherleib oder Vitalkörper genannt, ist mit dem Nervensystem eng verbunden und nimmt all das auf, was sich später als schlechter Gesundheitszustand im physischen Körper auswirkt, und hält die Giftstoffe fest, die das niedere Selbst des Menschen durch falsches Denken, falsche Ernährung und falsche Lebensweise anhäuft.

Mit dem physischen Körper eng verbunden ist ein körpereigenes Elementarwesen. Dies ist nicht etwas Böses, sondern hat seine Aufgabe und seinen Platz nicht nur in der Evolution des Menschen, sondern auch in allen niedrigeren Lebensformen. Wir sind gefragt worden, woran es liege, dass während des Erdendaseins der Hang zum Bösen so viel stärker zu sein scheint als das Streben zum Guten. Die Antwort darauf findet man in diesem Körper- oder Wunsch-Elementarwesen, das in den meisten Menschen sehr stark ausgeprägt ist. Während seiner Höherentwicklung wird der Mensch lernen, dass sein höheres Selbst, das meistens nur unvollkommen zum Ausdruck kommt, zur völligen Beherrschung des Wunsch-Elementarwesens gelangen muss.

Die wahre Heimat des eigentlichen menschlichen Geistes ist der himmlische Leib, die höchste und reinste Aura des Menschen. Die Botschaft des Geistes dringt euch als Intuition in das irdische Bewusstsein; zuweilen nennt ihr es wohl auch Gewissen. Auch das Körper- oder Wunsch-Elementarwesen hilft dem Menschen bei seiner Entwicklung, als eine Art Ballast, der ihn an die Erde bindet und den es zu überwinden gilt. Ihr alle fühlt diesen Einfluss, doch er sollte nicht als böse angesehen werden, denn er beschleunigt das Wachsen des geistigen oder Gottes-Bewusstseins hier auf Erden.

Wir haben bereits vom Ätherleib gesprochen, der nicht wirklich eine Aura ist, sondern eine Ausstrahlung des physischen Körpers. Dieser Ätherleib stirbt beim Tod des physischen Leibes bis auf einen kleinen Teil ab und wird in die höchste Aura hinaufgezogen, die wir die himmlische nennen wollen. Der Grund hierfür liegt darin, dass er durch seinen Kontakt mit der Erde gewisse Erfahrungen gesammelt hat, die beibehalten werden, um in nachfolgenden Daseinsstufen Verwendung zu finden, nicht unbedingt in den Himmelswelten, sondern in zukünftigen Inkarnationen.

Was normalerweise vom Hellseher gesehen wird, wenn er die Aura und ihre Farben beschreibt, ist der Astralkörper. Jenseits des Astralkörpers und seiner Aura ist der Mentalkörper und jenseits der mentalen Aura der himmlische Körper, in einigen Schulen der Kausal-Körper genannt.

Die Aura des Astralkörpers besteht aus gröberer oder verfeinerter Substanz, je nach der Qualität des menschlichen Bewusstseins. Wenn das Wunsch-Elementarwesen sehr stark ist und große Macht besitzt, wird die Astral-Aura grob und auch ihre Farbe eher unschön sein. Wenn die Seele die Realität des jenseitigen geistigen Lebens und den Zweck ihrer Inkarnationen erkennt, dann wird dieser Astralkörper feiner und seine Farben schöner. Die Stabilität der Aura hängt von der Beständigkeit des geistigen Strebens, von der Feinheit und Sanftmut der Seele ab.

Die Aura ändert sich normalerweise sehr schnell. Die Farben lodern manchmal klar und hell auf, zu anderen Zeiten verblassen sie und werden matt. Somit kann die Aura einmal als blau und ein anderes Mal als rot oder gelb oder in irgendeiner anderen Farbe geschildert werden, was sehr verwirrend ist. Die Farben der astralen Aura wechseln und verändern sich so lange, bis die Seele gefestigt ist, bis sie weiß, was sie will und bis sie eine dauerhafte und unveränderliche Schwingung von Hingabe, Liebe und geistigem Streben erlangt hat. Dann werden die Farben beständig und können sogar in den Auren der höheren Körper wahrgenommen werden. Das bedeutet, dass die höhere mentale wie auch die himmlische Aura von der astralen Aura etwas aufnimmt. Der himmlische Leib ist der immerwährende Leib in den Himmeln, der »Tempel«, von welchem in den alten Mysterienschulen gesprochen wurde. In den Freimaurerschulen symbolisierte der Bau des Tempels die Erschaffung des himmlischen Leibes.

Die Ausdehnung der Aura ist unterschiedlich. Jene eines geistig nicht entwickelten Menschen zeigt eine ständige Fluktuation, eine sich ständig verändernde Ausdehnung von einmal zwölf, einmal dreißig, dann wieder fünfzehn Zentimetern und wirkt eher wie ein Nebel. Wenn die Seele ihr höheres Bewusstsein entfaltet hat, wird die Aura gleichmäßiger, ohne hin und her zu wogen. Bei den breiten Massen, die nichts über das geistige Leben wissen, ist die Aura sehr unruhig schwankend und besteht hauptsächlich aus dunkelroten, braunen und orange-braunen Tönen. Die niederen Triebe, die vom Wunsch-Elementarwesen stammen, sind in der Aura durch braune und schwärzliche Farben angedeutet.

Die Tönung der Aura des Astralkörpers reicht beim gewöhnlichen Menschen von matten dunklen Farben, verschwommen und unbestimmbar, wie bereits erwähnt, bis zu einem sehr schönen, gut ausgeformten, eiförmigen Gebilde, in klaren, harmonischen Farben. Außer der Astralaura kann eine ähnliche, wie ein Ei geformte Aura gesehen werden, jedoch aus noch feinerer Substanz. Es handelt sich um die Aura des mentalen Körpers. Sie kann sich sehr schnell mit den wechselnden Gedanken verändern.

Jenseits der mentalen Aura und sie in feinem Grade durchdringend, befindet sich die Aura des himmlischen

Leibes. Sie hat eine wunderschöne Form und kaum beschreibbare Farben, denn auf Erden gibt es nichts, das ihr gleichkommt. In diesen himmlischen Leib mit reiner Aura zieht sich das höhere Selbst des Menschen schließlich zurück, nachdem es durch die Erfahrungen des Erdenlebens, durch diejenigen der Astralebene mit all ihren Stufen und durch die der mentalen Sphäre hindurchgegangen ist. Mit all diesen Erfahrungsbereichen kann der Mensch nur durch seine entsprechenden Auren in Berührung kommen.

Die Auren der einfachen, guten, freundlichen und hilfsbereiten Menschen sind angenehm anzusehen, aber nicht sehr stabil oder stark. Die dunkleren Farben der Aura befinden sich unterhalb, die viel schöneren, helleren oberhalb des Sonnengeflechtes.

In einem hoch entwickelten Ego kann sich die Aura bis zu einigen Metern und im Falle eines Adepten oder Meisters bis zu einem Kilometer und mehr ausdehnen. Wenn ein liebenswürdiger, geistig reger Mensch in eure Nähe kommt und obwohl ihr seinen Geist nicht sehen könnt, sind dennoch die meisten von euch in der Lage, seine Aura zu fühlen oder sogar zu riechen. Die Aura hat einen ´Duft`, welcher im Falle eines Meisters oder Adepten nicht zu verkennen ist. Die Aura eines jeden hochentwickelten Wesens hat ihre eigene harmonische Strahlung. Wenn ihr in Meditation versunken seid und ein hohes Wesen sich euch nähert, kann euch sein Kommen durch Musikklänge kundgetan werden. Einige von euch haben dies möglicherweise schon erlebt.

Während du auf der Erde bist, formst du deine entsprechenden Auren durch dein Wunschdenken, welches auf den Astralkörper, den Mentalkörper und den himmlischen Leib wirkt. Deine Taten und Reaktionen, deine Gedanken und Sehnsüchte formen den himmlischen Leib. Aber du tust mehr: Du formst Substanz aus dem höheren Äther, die sich, sobald die Zeit gekommen ist, wieder auf der Erde manifestieren wird, dann nämlich, wenn du dich wieder inkarnierst. Du siehst, auch wenn du es nicht wahrhaben willst, dass du, du selbst es warst, der sich seinen heutigen physischen Körper erschaffen hat.

Während der Mensch zwischen den Inkarnationen in den höheren Sphären lebt, wird er sich bewusst, dass er nicht zufrieden ist mit seinem Tempel und noch weitere Baustoffe benötigt. Er weiß, dass der einzige Weg, mehr und besseres Baumaterial zu finden, der ist, erneut zu einem Erdenleben zurückzukehren, um sich dieses Material zu erarbeiten. Alle Bestandteile, die nicht für den himmlischen Leib, den Tempel, gebraucht werden, fallen ab und werden aufgelöst, nur das Brauchbare wird beibehalten. Dieses Brauchbare können wir das dauerhafte oder das Samenatom nennen. Dieses permanente Atom wird zum Nährboden des Körpers, den wir während unserer nächsten Inkarnation bewohnen werden. So erkennen wir, wie wichtig es ist, sich der Führung des Geistes anzuvertrauen und nicht dem Wunsch-Elementarwesen die Herrschaft zu überlassen.

Das Gebet ist ein sehr machtvolles Instrument, wenn man sich seiner mit gebührender Aufrichtigkeit und Demut bedient. Bete nur um eines – um Gottes Liebe. Bete um ein Zunehmen des göttlichen Lichtes, weniger für dich selbst, als zum Wohle anderer, damit sie durch dieses Licht gesegnet werden. Das ist die beste Art zu beten. Bete um

Gutes für deinen Bruder und überlasse alles Gott! Nicht wie *ich* will, Vater, sondern wie *Du* willst! Deiner liebenden Fürsorge vertraue ich alle, die ich liebe, an. Dein Wille soll auf Erden geschehen, wie im Himmel.

DER DUFT DER AURA

Die Aura eines Menschen verströmt einen Duft, und je mehr sie durch Liebe gereinigt ist, desto süßer ist ihr Duft. Du denkst vielleicht, die Aura sei nur auf imaginäre Weise süß; doch das Aroma ihres Duftes ist tatsächlich sehr stark. Liebe selbst duftet stark, und wer einen gewissen Grad geistiger Entwicklung erreicht hat, mag in der Lage sein, die Aura eines Gefährten auf der geistigen Ebene zu wittern.

Gebete und echtes Emporstreben der Seele sind sichtbar. Wie Rauch sich ringelnd von einer Schale aufsteigt, so steigen Gebete zum Himmel empor. Eure Gedanken erscheinen in einer ähnlichen Form, und sie sind zwangsläufig gemischt, weil sie vom Einfluss des Körper-Elementals gefärbt sind. Ihr tut wohl daran, dies zu bedenken und den wahren Geist in euch selbst und in euren Nächsten zu erkennen. Und vor allem: Liebet allezeit. Das ist der wichtigste und beste Weg, allen Wesen zu helfen, indem ihr liebt, was euch allen gemeinsam ist – den wahren Geist Gottes.

Wenn du die Höhle eines Meisters im Himalaya aufsuchtest – und es gibt dort viele solcher Höhlen, die von wunderbaren Seelen bewohnt sind –, würdest du darin den angenehmsten Duft vorfinden. Die Entfaltung des Geruchssinnes auf diesen höheren Ebenen des Lebens ist eine spezielle Entwicklungslinie und eine sehr exquisite Gabe. Wie du weißt, gibt es zu den fünf Sinnen des physischen Körpers auch entsprechende geistige Sinne; wenn die Seele rein wird und sich höher entwickelt, werden diese geistigen Sinne sehr fein, sehr verfeinert.

Es ist wahr: Der physische Körper ist der Tempel der Seele. Das winzige „Gottes-Kind" im Menschenwesen muss seinen physischen Körper und die fünf Sinne gebrauchen, um mit dem Gott-Leben wieder Kontakt aufzunehmen.

DIE CHAKRAS

Als nächstes möchten wir zu dir über die Zentren sprechen, über die Chakras, wie unsere indischen Geschwister sie nennen. Lasse uns zuerst die Wirbelsäule betrachten und sie uns als einen Baumstamm vorstellen. Die Wirbelsäule ist die Stütze des Körpers. Die Chakras erscheinen, einfach ausgedrückt, wie Blüten an Stielen, die aus dem Stamm oder der Wirbelsäule hervorkommen. Wir beschreiben dabei ihre Erscheinung im Äther- oder Seelenleib. In der Mitte der Aura, welche eiförmig ist, sehen wir die menschliche Gestalt; von dieser menschlichen Gestalt sehen wir diese Zentren oder Chakras, die von der Wirbelsäule ausgehen wie Lichtzentren, ähnlich glockenförmiger Blüten.

Diese blütenähnlichen Anhängsel der Wirbelsäule sind wie Empfänger. Wie können wir sie euch beschreiben? Sie scheinen das Licht zu absorbieren und aufzunehmen und die Organe zu sein, durch die der Körper Vitalkräfte einatmet. Im gewöhnlichen, geistig nicht erwachten Menschen scheinen die Chakras nicht sehr kräftig oder lebendig zu sein. Bei einer Seele jedoch, die anfängt, ein Gewahrsein des geistigen Lebens zu entwickeln, stellen wir fest, dass das zentrale oder Herz-Chakra aktiv zu werden beginnt. Bei der Mehrheit der Menschen (sofern sie nicht, wie es manchmal der Fall ist, völlig verschlossen sind) und besonders bei den sensitiveren Frauen dieser Spezies ist das Chakra am Solarplexus das aktivere. Es nimmt Eindrücke auf. Es steht in Verbindung mit dem Emotionalkörper. Die Emotionen sind im Solarplexus-Chakra zentriert. Bei Menschen, die mental angeregt sind, bemerken wir eine Art von Glühen am Kehl-Chakra. Wenn wir ein Individuum betrachten, das lebendig und wach ist für geistige Inspiration und Erleuchtung, erkennen wir ein Glühen an der Stirn und ein schwaches Glimmen auch auf dem Scheitel.

Der Drehpunkt aller dieser Zentren ist beim entwickelten Menschen das Herz; das Herz-Zentrum ist wie die Sonne im Universum des Einzelnen. Das Herz-Chakra atmet ein und aus. Dabei nimmt es Sonnenlicht auf. Die physische Sonne ist gewissermaßen der Körper oder das Vehikel des Christus. Die Menschen in früheren Zeiten beteten nicht die Sonne an, wie man heute oft meint; vielmehr wurden die Sonnenanbeter der alten Zeit aufgefordert, den Sonnengeist anzubeten – den Geist des Guten und der Liebe, der in der Sonne wohnte und dessen Einfluss in das menschliche Herz drang. So nimmt der Mensch das Licht auf. Wie die physische Sonne das Leben des Körpers nährt und erhält, so erhalten das geistige Licht und die Wärme hinter jener Sonne das geistige Leben im Menschen.

Im Laufe seiner spirituellen Evolution wird der Mensch

einer Kraft in sich gewahr – nicht nur jener herrlichen Christus-Liebe, die aus dem Herzen zu verströmen er lernen kann, sondern einer intensiveren Kraft, die ihn zu überwältigen droht, wenn sie nicht beherrscht und von dem Meister seines Wesens ausgerichtet wird. Das Wesen scheint den inneren Tempel zu repräsentieren, den Ort, der den Geist beherbergt, und der Meister jedes menschlichen Tempels hat seinen Sitz im Chakra des Herzens, von dem aus er oder sie den Tempel leitet. Auf ihrem weiteren Pfad der geistigen Evolution gelangen Männer und Frauen zu der Erkenntnis, dass von der Basis der Wirbelsäule eine Kraft bis zum Kopf aufsteigen kann. In der Bibel wird sie als die „Schlange" bezeichnet, welche auch als Sinnbild der Weisheit gilt. „Seid klug wie die Schlangen und ohne Falsch wie die Tauben." [Mt 10,16] Auf einer gewissen Stufe der geistigen Evolution wird diese Kraft aktiv. Wird sie nicht von dem Meister im Innern beherrscht, kann die Schlangenkraft zerstören und Verwirrung verursachen – mit anderen Worten: den Tempel niederreißen.

In unserer geistigen Schule lehren wir nicht die östliche Methode zur Entwicklung der Zentren. Dadurch aber, dass ihr aufrichtig in Christus lebt, werden sich eure Lichtzentren, die Fenster des Geistes, auf natürliche Weise öffnen; solches natürliches Wachstum ist weitaus gesünder als forciertes Wachstum. Auf der Erde gibt es Gärtner, die mit dem Wachstum von Blumen, Pflanzen und Früchten experimentieren, das sie zu bestimmten Zwecken und mancherlei Zielen vorantreiben. Nun, mit beschleunigtem Wachstum sind immer Risiken verbunden. Wenn ihr das Öffnen eurer feinstofflichen Zentren forcieren wollt, so geht ihr dabei ernste Risiken ein. Bei sanfter Entfaltung im inneren Leben, durch eure Einstimmung auf die höhere Welt und durch euren selbstlosen Dienst an der Menschheit, werden sich eure Fenster zum Geistigen, diese wunderbaren Zentren des Lichtes und der Kraft, auf natürliche Weise entwickeln. Denn mit der Entwicklung eures geistigen Wesens muss eine große Kraft wachsen, die Kraft zu lieben, zu dienen, zu heilen und Gutes überall dorthin zu tragen, wohin ihr auch geht.

Das zentrale Chakra ist das Herz-Chakra. Wenn jene Kraft im Menschen freigesetzt wird, sollte sie in Liebe von seinem Herzen ausgehen. Um sicher zu sein, muss sie durch das Herz fließen, und sie muss vom Herzen ausgehen, wie Jesus der Christus sie ausrichtet – voll Mitgefühl und in selbstloser Liebe. Wir möchten sogar so weit gehen zu sagen: *Alle* Menschen, die das Herz-Zentrum entwickelt und es sich zur Gewohnheit gemacht haben, alles zu lieben – alle Wesen, die Tiere, die Natur, vor allem das Geben –, sind Heiler. Das Geben nämlich ist die lebendigste und stärkste heilende Kraft, die der Welt gegeben werden kann – durch Liebe.

III

KONTAKTE ZWISCHEN DEN WELTEN

Wir möchten euch helfen, euer Bewusstsein zu den Sphären der Harmonie, der Wahrheit und der Liebe zu erheben. Der Zweck der Entfaltung der inneren Kräfte, die alle Menschen mehr oder weniger besitzen, ist die Erweiterung des Bewusstseins in geistige Sphären und die Entwicklung der Fähigkeit, Eindrücke der Wahrheit und Harmonie von diesen Sphären und den dort lebenden Wesen zu empfangen.

Wahrheit ist wie ein Spiegel, der das Gesetz Gottes widerspiegelt. Wir müssen uns körperlich, seelisch und geistig vorbereiten, ehe wir die in den höheren Welten existierende Wahrheit erkennen, widerspiegeln und weitergeben können.

Es wird viel von übersinnlichen Phänomenen und von Beweisen eines Lebens nach dem Tode gesprochen, wobei die Betonung auf wissenschaftlicher Erforschung liegt, jedoch das geistige Weltbild als nicht wissenschaftlich abgelehnt wird. Diese Ansicht möchten wir richtigstellen und klarmachen, dass es nichts Unwissenschaftliches im geistigen Gesetz gibt. Das geistige Gesetz ist ewig wahr, während die Aussagen der Wissenschaft fast jährlich wechseln. Das, was heute als richtig betrachtet wird, kann morgen abgelehnt und vergessen sein. Beim geistigen Gesetz gibt es keine Veränderung, der Mensch aber wächst und entwickelt sich. Mehr und mehr Wahrheiten werden ihm enthüllt, wenn sein inneres Selbst an Erkenntnis zunimmt, doch das Gesetz bleibt immer dasselbe.

Die Wissenschaft des Geistes ist die wahre Wissenschaft auf Erden und in den höheren Welten. Wenn einem Menschen dies bewusst wird und er sein Leben nach kosmischen und geistigen Gesetzen ausrichtet, ist er wahrhaftig ein Mann der Wissenschaft. Lasst uns in erster Linie festhalten, dass die geistige Entfaltung der inneren Fähigkeiten eines Menschen ein wissenschaftlicher Prozess ist. Wenn du die göttlichen Gesetze nicht beachtest, wird irgendwo in deinem Wesen Chaos entstehen. Aber wenn du die Gesetze Gottes studierst und an ihnen festhältst, wenn du der inneren Gedankeneingebung deines Geistes gehorchst und unerschütterlich Schritt für Schritt auf dem Weg vorwärts gehst, wirst du eine tiefe Quelle der Weisheit in deinem Herzen entdecken. Dadurch wird sich deine Aura ausdehnen, so dass sie beides berührt, die Höhen und die Tiefen des Lebens. Beachte, dass wir sagten: Die Tiefen! Des Menschen Bewusstsein und Erkenntnis müssen sich nach beiden Richtungen ausdehnen und beide Enden der Skala erreichen.

Dein Bewusstsein und deine Aura müssen sich ausdehnen, um die Höhen, Tiefen und Weiten des Lebens zu umfassen, um dadurch mehr Toleranz und Liebe für deine Mitmenschen und alle Lebewesen, wie auch eine große Gelassenheit des Geistes zu erlangen. Du wirst durch nichts mehr erschüttert und schockiert sein, sondern hinnehmen und verstehen, dass die Menschheit auf allen ihren Stufen im Prozess der Entwicklung begriffen ist, auf dem Weg zurück zu Gott, von dem alles ausging.

Die Entfaltung deiner inneren Fähigkeiten, durch die

du geistige Kraft und inneres Gleichgewicht erwirbst, wird dich reinigen und stärken und deinen Körper heilen. Es ist durchaus wissenschaftlich, wenn man sagt, das Einströmen des göttlichen Lichtes in das Herz-Chakra und das Durchfließen dieses Lichtes durch den physischen, ätherischen, astralen, mentalen und himmlischen Körper verschöne und stärke alle diese Körper.

Ein geistig entwickelter Mensch ist nicht schwach. Es stimmt nicht, dass Geistigkeit gleichbedeutend ist mit Überempfindlichkeit, Scheu und Schwäche. Es ist wahr, gewisse mediale Seelen sind wie zarte Blumen und werden von jedem rauen Wind hin und her geblasen. Dies aber ist auf eine unausgeglichene Sensibilität zurückzuführen, die weder Gesundheit noch gesundes Denken bringt und auch kein geistiges Wachsen. Entschließe dich daher, den sicheren Weg der wahren Charakterbildung zu gehen. Während du lernst, deinen Mitmenschen größere Liebe entgegen zu bringen, wird sich deine Aura in geistiger Gesetzmäßigkeit erweitern. Wenn die Naturwissenschaft bereit ist, von der Geisteswissenschaft geführt zu werden (und dazu wird es eines Tages kommen), werden der Menschheit Geheimnisse, die in der uralten Weisheit verwahrt sind, wieder enthüllt.

So wie das geistige Bewusstsein der Menschheit wächst, wird der Schleier zwischen der Erde und der astralen Welt allmählich dünner, und das Verständnis dafür, wie nahe sich die beiden Welten eigentlich sind, wächst. Erfahrungen, wie zum Beispiel astrale Wanderungen, werden nicht nur möglich, sondern für den noch inkarnierten Menschen ganz normal sein, und somit wird ihm die Unwirklichkeit des Todes veranschaulicht.

Durch die geistige Entfaltung wird eine Gewissheit in dir heranwachsen, die stärker ist als alle Beweise, die du durch ein Medium erlangen könntest. Die so genannten Toten sind niemals gestorben! Du wirst ohne jeden Zweifel wissen, dass deine »Toten« leben. Deine Überzeugung aber wird nicht aus Beweisen des äußeren Verstandes, sondern aus einem inneren, unerschütterlichen Wissen kommen.

DIE ASTRALEBENEN

Wenn des Menschen latent vorhandene übersinnliche Fähigkeiten erwachen, können durch mangelnde Erfahrung Schwierigkeiten auftreten und Verwirrung entstehen, denn es besteht die Gefahr, dass die Verbindung zur astralen Ebene nicht über die so genannte »Ebene der Illusion« hinausreicht. Dies ist die Ebene, die die Erde unmittelbar umgibt. Doch der Kontakt mit der Ebene der Illusion kann wertvolle, wenn auch manchmal schmerzhafte Lektionen erteilen, und eine der wertvollsten betrifft das Unterscheidungsvermögen, d.h. die Fähigkeit, das Wahre vom Falschen zu trennen.

Die astralen Ebenen sind nicht weit von der Erde entfernt. In Wirklichkeit sind sie so nahe, dass viele okkulte Schulen das astrale Leben mehr oder weniger als eine Erweiterung des Erdenlebens betrachten. Das astrale Leben unterscheidet sich vom Erdenleben lediglich durch die Andersartigkeit der Schwingung. Diese Ähnlichkeit ermöglicht es den auf der Astralebene lebenden Wesen, die Menschen der Erdsphäre zu beeinflussen, und die Gedanken und Gefühle der Menschen wiederum wirken auf die Wesen der Astralebene zurück. Die Bewohner der gröberen und niedrigeren Stufen der Astralebene können die Erdenmenschen gleicher Neigung erreichen, wann immer sie wollen, und so aus zweiter Hand Gelüste befriedigen, denen sie einstmals auf Erden frönten. Viele Bewohner der unteren Astralebene sehnen sich danach, in das physische Leben zurückzukehren, um durch Kontakt mit den Menschen ihre Begierden zu befriedigen.

Durch eure Weisheit und Liebe kann diesen Wesen geholfen werden, und während ihr ihnen helft, schützt ihr auch jene auf Erden, die Gefahr laufen, von diesen Astralwesen schlecht beeinflusst zu werden.

Wenn die Seele nach dem Tode den physischen Körper verlässt, durchquert sie in den meisten Fällen eilig die erdnahen astralen Ebenen. Während dieser Reise werden alle Arten von Erinnerungen die Seele bedrängen. Dieser Zustand ist unwirklich und sollte nicht lange dauern. Wenn aber das Interesse der Seele während ihres Erdenlebens auf allzu Materielles konzentriert war, wird sie auch nach dem Tode an der Illusion der Materie festhalten und deshalb länger brauchen, um die höheren Welten der Wahrheit und Wirklichkeit zu erreichen.

In deiner geistigen Entfaltung wirst du eine Phase durchmachen, in der du mit Sicherheit Kontakt mit dieser Welt der Illusion aufnimmst, und es wird eine heimtückische und beunruhigende, aber dennoch wertvolle Erfahrung sein. Du magst Botschaften erhalten, welche dir zuverlässig erscheinen, und doch wirst du eines Tages ernüchtert und enttäuscht sein. Lasse dich nicht entmutigen durch diese Erfahrungen. Sie alle gehören zu deiner Schulung, und es ist besser für dich, Enttäuschungen zu erleiden, als diesen Erfahrungen ganz auszuweichen. Es ist ein Bewusstseinszustand, durch den jede Seele gehen muss.

Jeder von euch hat die latente Fähigkeit, Eindrücke und echte Mitteilungen von Wesen anderer Welten zu erhalten. Jeder von euch ist medial im Sinne geistiger Aufnahmefähigkeit. Doch die Qualität einer erhaltenen Botschaft wird von der Qualität eures seelischen Bewusstseins abhängen. Durch den Kontakt mit der Welt der Illusion werdet ihr die Fähigkeit erhalten, die Wahrheit zu erkennen – das Wahre vom Falschen zu unterscheiden. Das Erdenleben ist voll trügerischer Täuschungen. Sowohl die Dinge als auch die Leute sind nicht immer das, was sie zu sein vorgeben. Ein wichtiger Teil eurer geistigen Entfaltung ist die Entwicklung des wahren Unterscheidungsvermögens.

Botschaften, die unwahr erscheinen, sind nicht notwendigerweise in ihrer Absicht boshaft. Sie können dir absichtlich gegeben werden, damit du lernst, Haltung und Gleichgewicht zu bewahren. Betrachte sie nicht als böse, sondern lerne, sie mit Weisheit und Besonnenheit hinzunehmen. Wenn dein Lehrer und geistiger Führer dir Botschaften gibt, ist er in erster Linie am Gesamtplan der geistigen Höherentwicklung interessiert. Seine Liebe zu dir ist rein und frei von persönlicher Begrenzung. Sein Denken und Streben ist nicht auf einen Einzelnen allein gerichtet, sondern auf das Wohl des Ganzen. Botschaften, die dir schmeicheln und dir viel Persönliches und Eigennütziges versprechen, können dir gegeben werden, um dich zu prüfen.

In der geistigen Entfaltung kommen scheinbar widersprüchliche Angaben oder Widersinnigkeiten vor. Erwäge vorsichtig alles, was gesagt wird. Wenn Darstellungen widersprüchlich erscheinen, versuche sie miteinander in Einklang zu bringen. Die Wahrheit hat immer mehrere Aspekte, und viele Wege führen zu Gott. Deshalb sei nicht dogmatisch, verurteile nichts und niemanden. Sei in deinem Suchen nach Wahrheit systematisch und geduldig.

ÜBERSINNLICHE KONTAKTE

Parapsychologie und spiritualistische Kommunikation sind erste notwendige Schritte, um die Menschen für die Aufnahmefähigkeit höherer Wahrheiten vorzubereiten. Der Spiritualist fand experimentell, dass er mit vielen Seelen auf vielen verschiedenen Stufen in den erdnahen Ebenen Kontakte aufnehmen konnte. Nicht alle diese Kontakte erwiesen sich als hilfreich, im Gegenteil, manchmal waren sie sogar irreführend. Der bessere Weg, einen guten und sauberen Kontakt zu erhalten, ist das Streben nach Selbstlosigkeit und das Stärken und Verfeinern des eigenen Charakters. Kein dunkles Wesen aus der Ebene der Illusion kann Eintritt in deine Aura erhalten, wenn dort nicht etwas ist, das den Kontakt möglich macht, etwas Schattenhaftes, das dieses Wesen anzieht. Dann geschieht es, dass Verwirrung und Unheil entstehen. Wir sagen noch einmal, dass keine ruhelose oder bedrängte Seele deine Aura betreten oder dir in irgendeiner Weise schaden kann, wenn du dich mit deinem ganzen Wesen entschieden hast, dies nicht zuzulassen, denn dann ist der Zutritt verschlossen, und du bist Meister in deinem eigenen Hause. Nichts kann dir je schaden, wenn nicht eigene Schwächen, Torheiten oder Eitelkeiten deinerseits den Zutritt ermöglichen.

Unter gewissen Umständen ist es berechtigt, den Schleier, der zwischen einer kürzlich verstorbenen Seele und den Hinterbliebenen besteht, zu durchdringen. Es ist so, als ob ein uns Nahestehender eine lange Reise angetreten hat und er uns eine Botschaft zukommen lässt, die von seiner guten Ankunft, guten Gesundheit und seinem Wohlbefinden im anderen Land berichtet. Oder es könnte ein Unrecht vorliegen, das die neu angekommene Seele unbedingt richtigstellen möchte, oder eine hinterbliebene Person braucht Hilfe und Trost.

Aus diesen oder ähnlichen Gründen ist es richtig, durch ein Medium Verbindung zu suchen. Doch nachdem diese hergestellt und Friede und Trost den Seelen auf beiden Seiten des Schleiers zuteil wurde, sollte erkannt werden, dass beide, der Hinterbliebene und der geliebte Mensch in der geistigen Welt, wichtige Arbeit zu leisten, ihr eigenes Leben zu leben und Verantwortung zu tragen haben. Versuche nicht, der geistigen Welt deine alltäglichen Sorgen und Verantwortungen aufzubürden, indem du sie um Rat angehst für Dinge, die du sicherlich selbst entscheiden und danach handeln könntest. Sei tapfer und nimm dein Leben guten Mutes wieder auf. Wenn du dies beherzigst, wirst du deinem geliebten Menschen in der geistigen Welt immer näher kommen.

Es gibt Geistwesen, die mit einer besonderen Mission zurückkommen, um den Menschen auf der Erde zu helfen. Unter diesen sind jene geistigen Führer und Helfer, die viel Zeit opfern, um Verbindungen zwischen dem Diesseits und dem Jenseits herzustellen. Ihr Dienst ist wertvoll und nicht leicht und sollte hoch geschätzt werden. Die Stunden, die sie den Menschen schenken, sollten diesen heilig sein.

Lange nicht jeder, der in die andere Welt geht, kehrt zurück, um mit seinen Lieben auf der Erde Kontakt aufzunehmen. Deshalb sei nicht allzu sehr bekümmert, wenn keine Nachricht von drüben kommt. Wisse, dass er/sie gegangen ist, um einen Platz vorzubereiten, und dass euer beider Leben für eine Zeitspanne getrennt bleiben muss, so lange bis dein inneres Selbst gelernt hat, sich für Momente vom äußeren Leben zu lösen, wodurch eine geistig-seelische Verbindung auf höherer Ebene zustande kommen kann.

Wir möchten jedem von euch helfen, eure seelischen Fähigkeiten zu entfalten, so dass eine tiefe, innige Verbindung mit den Seelen in der geistigen Welt nicht nur eine Möglichkeit, sondern mit der Zeit auch eine Selbstverständlichkeit wird.

Eigentlich gibt es keine Trennung, nur das *Selbst* trennt, und dieses Selbst ist die wahre Ursache für den Stachel der Trauer. Sei unerbittlich mit dir selber, analysiere deine Gefühle, stelle fest, wieviel von deiner bitteren Auflehnung gegen den Verlust und die darauf folgende Einsamkeit von egoistischen Beweggründen und Selbstmitleid herrührt. Überwinde all dies, bevor du Verbindung aufzunehmen versuchst, denn solche negative Gefühle sind imstande, dir und jenen, die du liebst, zu schaden.

Warum empfindest du Trennung und Einsamkeit, wenn doch alles der Einheit entgegenwächst? Jedes Leben ist wie ein Wassertropfen im Ozean, ein Tropfen, der sich entweder mit anderen Tropfen vereinigen oder vom Ozean getrennt bleiben kann, aber er bleibt immer Wasser und ist somit ein Teil des Ganzen. So ist auch unsere Analogie zu verstehen: Jede Menschenseele ist Gott in Embryo-Form, und die Menschheit als Ganzes ist eine Gemeinschaft von winzigen Gott-Zellen, alle mit Gott in einer großen Einheit verbunden. Jede Zelle hat die Möglichkeit, sich von ihren Mitzellen abzusondern, nicht aber von Gott.

Des Menschen innerstes Selbst ist die Essenz Gottes, der göttliche Funke. Der Mensch ist nach Gottes Ebenbild erschaffen. Wenn er diese überragende Wahrheit ganz erkennt, wird alles, was unecht und weltlich ist, von ihm abfallen. Dann wird der Mensch nicht länger in Begriffen von »hier und dort« denken und fühlen, sondern in einem Überall-zugleich-sein, wo sich keiner von Gott trennen und niemand für sich selbst leben kann. Tränen, Sorgen und Tod haben dann ihre Gewalt über den Menschen verloren.

Das niedere Selbst ist beides, Fessel und Gefängnis. Wenn sich alle deine Gedanken und Gefühle auf deine eigene Person konzentrieren, ist dein wirkliches Selbst eingeschlossen wie ein Gefangener. Aus dem wirklichen, dem höheren Selbst jedoch, dem wahren Menschen, spannen sich Fäden der Zuneigung, Sympathie und Liebe zu jeder anderen Seele, zu jedem Wesen, zu sichtbarem und unsichtbarem Leben, zur Engelwelt, zu Christus, zu Gott. Das muss so sein, weil kein anderer Weg für das innere Selbst offen ist. Es muss sich verströmen an alles, was lebt, und seine einzige Grenze ist die Grenze des Weltalls. Wir sind nach Gottes Ebenbild erschaffen, und das ganze Weltall ist Gott. Auch der Mensch ist gut – ist Gott.

IV

WEISHEIT AUS HÖHEREN SPHÄREN

Euer aller Wunsch ist, von Wesen aus höheren Ebenen inspiriert zu werden. Vielleicht wisst ihr um euren geistigen Führer, doch habt ihr keine Ahnung, auf welche Weise die älteren Brüder durch euch wirken könnten. Es mag sein, dass euer geistiger Führer unter der Leitung der älteren Brüder arbeitet, deren Bestreben es ist, euch als Werkzeug auszubilden und euch gleichzeitig in eurer geistigen Entwicklung zu fördern.

Wenn ihr den selbstlosen Wunsch habt, ein Werkzeug zu sein, durch welches die älteren Brüder die Menschheit inspirieren, heilen, führen und segnen können, nehmt ihr unwillkürlich geistiges Licht in eure Aura auf. Als Diener des Lichtes wird euch der geistige Lehrer und Führer sehr nahe kommen. Denkt daran, dass alle Menschen mediale Fähigkeiten besitzen, und alle können helfen, je nach ihrer besonderen Veranlagung.

Du magst ein Heiler, ein Lehrer, ein Musiker, ein Schriftsteller, ein Künstler sein. Was auch immer dein Beitrag für die Menschheit sein mag – indem du danach strebst, dich mit den unsichtbaren Welten in Einklang zu bringen, wirst du zum Kanal oder Vermittler für die Weisen aus der jenseitigen Welt.

Ein jeder von euch hat sich inkarniert, um gewisse Eigenschaften zu entwickeln, die dann in euren himmlischen Leib, auch himmlischer Tempel genannt, eingebaut werden. Ein Eingeweihter besitzt in seinem höheren geistigen Leib alle Eigenschaften und Qualitäten, die für ein vollkommenes Gott-Bewusstsein notwendig sind. Als Eingeweihter benötigt die Seele keine weiteren Inkarnationen mehr, es sei denn, sie möchte auf eigenen Wunsch zurückkehren, um der Menschheit zu helfen.

Ihr aber seid noch sehr menschlich, seid alle noch im Erdenleben verhaftet. Gewisse geistige Qualitäten sind nur teilweise entfaltet, und eine Menge grober Stoff ist noch in eurem astralen Leib vorhanden. Wenn ihr versäumt, eure Leidenschaften bzw. eure Gedanken und Gemütsbewegungen unter Kontrolle zu halten, verursacht ihr eine Störung in eurer geistigen Schwingung. Eure Führer und älteren Brüder, die nur darauf warten, in euch einen reinen Kanal zu finden, können somit noch nicht mit euch arbeiten. Daher strebt nach Kontrolle, sowohl über den physischen Leib als auch über eure Gemütsbewegungen und den Intellekt. Tut dies nicht so sehr mit eurer Willenskraft, sondern strebt im täglichen Leben unaufhörlich nach Reinheit der Gedanken, die euch zu höheren Schwingungsebenen emporheben.

Geist ist Licht. Des Menschen höheres geistiges Selbst, auch Kausalkörper genannt, ist ein Leib aus Licht. Während ihr zu den Welten des Lichtes emporstrebt, nehmt ihr durch das Herz-, Kopf-, und Kehlkopf-Zentrum eurer feineren Körper die Qualitäten des erleuchteten Lebens in euch auf. Könnt ihr dies verstehen und richtig interpretieren?

DIE HALLEN DES LERNENS

Viele von euch werden während des Schlafes in die Hallen des Lernens in der geistigen Welt geführt, wo ihr den Lehren eines großen Meisters der Weisheit lauscht und vielleicht für eine besondere Aufgabe geschult werdet. Dort vernehmt ihr Wahrheiten, die ihr in euch aufspeichert, so dass ihr bei eurer Rückkehr, vorausgesetzt ihr bleibt im Einklang mit der höheren Welt, plötzlich neue Einfälle bekommt. In solchen Augenblicken ruft ihr aus: »Oh, ein Geistesblitz! Wie komme ich auf diese Idee!« Was ist geschehen? Ihr seid für Eingebungen aus eurem höheren Selbst aufnahmefähig geworden und habt in den Hallen der Weisheit lernen dürfen. Es kann auch geschehen, dass zum Beispiel während des Schreibens eine Eingebung erfolgt und ihr denkt: »Kommt dies nun aus meinem Unterbewusstsein oder ist es wirklich eine Inspiration aus einer anderen Sphäre?« Der geistige Führer kann durch euer höheres Selbst Wahrheiten andeuten, die euer Gehirn dann in Worte kleiden muss, bevor sie in Sprache oder Schrift ausgedrückt werden können. Das Wesentliche der Eingebung jedoch stammt von eurem geistigen Führer.

Nicht alle Menschen sind zu geistigen Kontakten bereit. Sie haben vielleicht auf einer materiellen Stufe noch eine bestimmte Arbeit zu vollenden, um sich und ihren Charakter zu formen und scheinen deshalb unfähig zu sein, auf geistige Einflüsse zu reagieren. Ihr jedoch habt euren Fuß auf den geistigen Pfad gesetzt und ihr werdet geführt, inspiriert und behütet, sowohl im seelischen als auch im irdischen Bereich. Schritt für Schritt werdet ihr vorwärtsschreiten, und neue Chancen werden euch geboten, obgleich ihr sie nicht immer als solche erkennt. Sie werden geboten, um euren Glauben und eure Loyalität gegenüber dem höheren Selbst und den geistigen Mächten zu prüfen. Wenn Schwierigkeiten in eurem materiellen Leben auftauchen, betrachtet sie als Gelegenheiten, bestimmte fehlende Eigenschaften zu entwickeln, wie z.B. Geduld, Ausdauer, Glaube, Vertrauen, Mut, guter Wille etc. Ihr könnt ganz sicher sein, dass keiner von euch vergessen wird. Keine Seele, die bereit ist, als Kanal für das Geistige zu wirken, kann von den höheren Wesen übersehen werden, denn die erwachte Seele ist ein Licht und wird sofort erkannt. Eure Erde, wie wir sie sehen, ist fast immer in Nebel gehüllt, doch gibt es Regionen, die etwas heller sind. Männer und Frauen hingegen, die den Pfad der geistigen Entfaltung gehen, leuchten wie Sterne in dunkler Nacht und werden an ihrem Licht erkannt.

VON DER SINNWIDRIGKEIT, BEWEISE ZU VERLANGEN

Eines der größten Hindernisse, das die Entwicklung zur Medialität hemmt, ist der Wunsch nach so genannten Beweisen. Vielleicht gibt euch euer geistiger Führer eine Inspiration, doch euer niederes Selbst wünscht Beweise und sagt: »Ja, aber gib mir den Beweis, dass du der bist, den du zu sein vorgibst. Kannst du mir sagen, was meine Großmutter in Amerika jetzt gerade tut?« Ihr kennt diese Art von Fragen. Sie sind sehr töricht. Stellt eurem geistigen Führer niemals solche Fragen, denn wenn ihr zweifelt und diese albernen Prüfungen vornehmt, setzt ihr Schwingungen in Bewegung, die in die niedere astrale Ebene dringen und boshafte oder mutwillige Geister ansprechen, die Freude daran finden, ihr Spiel mit einem ungläubigen Thomas zu treiben.

Erinnert euch an die Worte des weisen Meisters, welcher sagte: »An ihren *Früchten* sollt ihr sie erkennen.« Hierzu werdet ihr vielleicht entgegnen: »Ja, aber der heilige Johannes sagte: Prüfet die Geister, ob sie von Gott sind.« Auf jeden Fall prüft sie, aber nicht eurer Norm entsprechend, sondern untersucht stattdessen den Gehalt der Botschaft. Wenn sie einen Klang von Wahrheit, Demut und Liebe hat, braucht ihr nicht weiter zu prüfen. »An ihren Früchten sollt ihr sie erkennen.« Wir können hinzufügen, dass euer geistiger Führer und Lehrer niemals Befehle austeilt, weil das eines der geistigen Gesetze verletzen würde. Gott hat die Macht des freien Willens allen seinen Kindern gegeben. Es kann jedoch geschehen, dass ein drängendes Gefühl euch zwingt, scheinbar gegen euren eigenen Willen oder eure eigene Wahl zu handeln. Wenn das geschieht, ist es eure eigene Seele, euer eigener Geist, der die Leitung und Führung übernimmt. Die höheren Wesen mischen sich niemals in den freien Willen des Menschen. Wenn sie um Führung gebeten werden, zeigen sie den Weg und machen euch auf Möglichkeiten aufmerksam; aber die letzte Entscheidung liegt stets bei euch.

DER GEISTIGE LEHRER UND FÜHRER

Vielleicht steht ihr schon in bewusstem Kontakt mit eurem geistigen Lehrer (auch Führer genannt), kennt seine Persönlichkeit und fühlt seine sanfte Gegenwart. Andererseits habt ihr vielleicht noch Zweifel und seid nicht ganz sicher. Wenn ihr mit Demut in den Spiegel der Wahrheit sehen könntet, würdet ihr bemerken, dass ein weiser und liebender Lehrer an eurer Seite wartet, um euch zu helfen.

Was ist die Aufgabe eures geistigen Lehrers? Er ist euer Begleiter und Lehrmeister und wirkt durch euer höheres Selbst und durch euer Bewusstsein. Angenommen, ihr fragt in Gedanken während einer Meditation nach dem Sinn von Geschehnissen, über die ihr euch den Kopf zerbrecht. Vielleicht bekommt ihr nicht sofort eine Antwort, sondern dann, wenn ihr es am wenigsten erwartet. In einigen Tagen oder sogar Wochen, wenn euer irdisches Selbst in anderer Weise beschäftigt ist, wird die Antwort plötzlich kommen. Denkt aber daran, dass ihr keine sinnlosen Ansprüche an euren geistigen Lehrer stellen sollt. Fragt, als ob ihr einen weltlichen Lehrer um Klärung eurer Probleme bitten würdet, und die Antwort wird kommen – vielleicht nicht dann, wenn ihr sie erwartet, sondern zu einer Zeit, die die geistige Welt bestimmt. Erwartet nicht, dass der Lehrer eure Arbeit tut oder eure Verantwortung übernimmt. Es ist für jede Seele äußerst wichtig, sich selbst Mühe zu geben und nach Höherem zu streben.

Entsprechend euren Bemühungen hilft der Lehrer euch weiter. Es ist nicht gut, selbstzufrieden seinem Lehrer alle Arbeit zu überlassen. Das ist ein Fehler, den viele machen. Es ist des Menschen Pflicht, sein Bestes zu tun. Gemäß seiner Talente sollte er die Gaben, die Gott ihm gegeben hat, vervollkommnen und sich selbst bemühen, ohne dabei zu vergessen, dass er in Wirklichkeit nur ein Instrument ist, wie sehr er sich auch anstrengt, seinen

Verstand zu schärfen und Kenntnisse zu erwerben. Solange er nicht das Geheimnis erlernt hat, sich mit der wahren Quelle der Weisheit zu verbinden, bleibt er leer, doch sobald er diese Quelle gefunden hat, öffnet er sich dem Einfließen des Christuslichtes und wird fähig, die Gegenwart der geistigen Boten und Helfer zu fühlen und zu sehen.

Wie werden die geistigen Lehrer ausgewählt und warum kommen sie? Zuerst lasst uns versuchen, zwischen deinem Lehrer und anderen Helfern aus der geistigen Welt zu unterscheiden. Ein Helfer kann von den »Meistern des Karma« gesandt worden sein, um dir während einer gewissen Spanne deiner Erdenreise beizustehen. Vielleicht hast du um Hilfe gebeten, denn wer hat nicht schon in seiner Seelennot ausgerufen: »Oh Gott, hilf mir!« Gott hört deine Gebete; die »Meister des Karma« sind immer wachsam; dein Schutzengel ist ständig bei dir, und es könnten noch andere Seelen da sein, die eine aus der Vergangenheit stammende, an dir begangene Schuld wieder gut machen möchten. Solch eine Seele könnte sagen: »Erlaubt mir, diesem Menschen zu helfen.« Sie wird kommen, mit dir arbeiten, dir Hilfe und Schutz geben, während du deinen schwierigen Weg gehst. Wenn die Seele ihre Arbeit beendet hat, wird sie in ihre Sphäre zurückkehren.

So könnt ihr während eures Erdenlebens viele Helfer haben, die zu verschiedenen Zeiten kommen, um euch in bestimmten Situationen zu helfen. Andererseits habt ihr nur *einen* geistigen Lehrer und Führer, der euch in seiner oder ihrer Obhut hat und euch während einer Anzahl von Erdenleben betreut. Dieser geistige Lehrer nimmt auf einer viel höheren Ebene Verbindung mit euch auf als die Helfer, die oft irrtümlicherweise als Lehrer bezeichnet werden. Ihr erfahrt die Führung des geistigen Lehrers durch euer Gewissen oder die Stimme des höheren Selbst, manchmal auch die Stimme Gottes genannt. Diese stille, leise Stimme in euch kann sehr eindringlich werden, und ihr erkennt sie als die Stimme eures geistigen Lehrers, der auf der höchsten Ebene eures irdischen Bewusstseins, oder der höchsten Stufe, die ihr erreichen könnt, solange ihr noch im irdischen Körper gefangen seid, Verbindung aufnimmt. Alles, was liebenswert, rein und wahr ist, wird durchgegeben von eurem höheren Selbst, das auf derselben Ebene wirkt wie euer geistiger Lehrer.

Könnten wir euch doch ein Bild eurer Helfer und eures geistigen Lehrers übermitteln! Wenn der Vorhang, der das Diesseits vom Jenseits trennt, zur Seite gezogen werden könnte, wäret ihr glücklich und dankbar, weil ihr dann wüsstet, wie nahe die geistigen Brüder durch die Macht und den Willen Gottes an euch herantreten, um euch bei eurer Höherentwicklung zu helfen. Wir bitten euch, dies zu glauben. Fühlt die Wärme ihres Händedrucks, ihre leichte Hand auf eurer Schulter und das Verstehen, das sie euch entgegenbringen. Euer eigener geistiger Lehrer kennt eure Sehnsucht, wie auch jede Schwierigkeit, die ihr tragt und erduldet. Er liebt euch mehr, als ihr euch selber liebt und möchte euch in jeder nur möglichen Weise helfen. Ihr seid Kameraden, und der Lehrer ebnet euch sehr oft den Weg. Ihr alle habt schon Beispiele wundersamer Führung und Hilfe erlebt. Es mögen kleine Begebenheiten gewesen sein, und doch seid ihr sicher, dass sie nicht in irgendeiner anderen Weise geschehen konnten als durch geistige Hilfe.

Das karmische Gesetz, das Gesetz von Ursache und Wirkung, ist exakt, gerecht, vollkommen und wahr, doch Gott ist sowohl ein Gott der *Gnade* als auch ein Gott der Gerechtigkeit. Durch seine Diener des Lichtes hat er die Möglichkeit, harte und raue Wege zu ebnen. Gottes Liebe segnet und begleitet euch.

DER SCHUTZENGEL

Engel passen nicht in das intellektuelle Bild vom Universum, obschon nicht nur Christen früher erzogen wurden, an sie zu glauben. Die Vorstellung von Engeln wurde im Lauf der Zeit so nebulös und abwegig, dass es dir heute schwerfallen dürfte, dir ein reales und lebendiges Wesen auszudenken, das deine Seele in seiner Obhut hat. Der kluge Mensch jedoch, der durch Intuition zum Wissen gelangt und der auf die kleine, sanfte Stimme lauscht und ihr folgt, erkennt, dass irgendwo hinter ihm sein Schutzengel steht.

Wir sprechen die Wahrheit, wenn wir sagen, dass jede Seele auf Erden in der Obhut eines Engels ist, der von den »Meistern des Karma« für diese Aufgabe bestimmt wurde. Auch die Idee des alles aufzeichnenden Engels ist vergessen worden. Doch ein Engel ist tatsächlich ernannt worden, der dein Tun notiert, wie auch deine Reaktionen auf die Stimme Gottes oder auch auf die Versuchung des Teufels, was nur ein anderes Wort für das niedere Selbst ist. Diese dienenden Engel haben sich nie auf der Erde inkarniert. Ihre Entwicklung ging einen anderen Weg, um in das Reich der Engel aufzusteigen. Deshalb verwechsele nicht die Engelwesen mit deinem geistigen Lehrer und deinen Helfern. Obgleich dein Lehrer und Führer und deine Helfer dir sehr nahe kommen und ihren Platz im Plane Gottes haben, ist ihr Dienst an der Menschheit ein anderer als der Dienst der Engel.

Dein Schutzengel verlässt dich *nie*. Vom Moment deines Eintritts in das physische Leben bis zu der Zeit, wenn du es verlässt, und sogar nachher wird dein Engel noch mit dir in Verbindung bleiben. Er befasst sich mit deinem Karma und leitet dein Leben unter der Führung der »Meister des Karma«. Der Engel ist unpersönlich in dem Sinne, als er darauf achtet, deinen Weg so zu lenken, dass du deine karmischen Schulden abzahlen kannst oder Gelegenheiten für gutes Karma bekommst, um dein Konto auszugleichen. So bringt jede Erfahrung neue Chancen.

Manchmal wird das niedere Selbst sagen: »Ich will nichts von all dem wissen. Ich will nichts damit zu tun haben.« Und eine Stimme flüstert: »Du solltest es dennoch tun, das weißt du.« Doch das niedere Selbst antwortet: »Ja, ich weiß, aber ich will nicht und ich werde es nicht tun.« Und du tust es nicht. Eine solche Weigerung verursacht eine »schlechte Note« in deinem Lebensbuch. Denke nicht, dass alle geistigen Boten vollkommen und ohne Fehler seien, doch wir weisen dich auf diese Zusammenhänge hin, damit du lernen kannst. Nimm es dir aber nicht allzusehr zu Herzen, nimm es nicht zu schwer, wenn du Fehler machst, sondern denke an die unsichtbare Macht der Liebe in deinem Herzen, die alle Fehler ausmerzen kann.

Der Mensch, dessen Herz von Liebe erfüllt ist, ist nie mutlos, nie verzweifelt. Er gibt sich nicht unsinnigen Ängsten hin, weder für sich selbst noch für seinen physischen Körper oder für das Wohlergehen derer, die er liebt, denn seine Seele ist durch göttliches Licht und Kraft erleuchtet – und somit kann nichts fehlgehen: Der Kontakt ist hergestellt, und deshalb kann nichts fehlgehen. Doch wenn das niedere Selbst sich zu fürchten und sich gegen die Lebensumstände aufzulehnen beginnt, wenn du sagst: »Ich bin enttäuscht, weil sich die Lebensumstände nicht so entwickeln, wie *ich* will!«, dann folgen Leid und Chaos, weil der Kontakt unterbrochen ist. Hättest du doch immer die Kraft, im Frieden Gottes zu leben, könntest du doch immer sagen: »*Dein* Wille, oh Gott, geschehe – *Dein* Wille, nicht der meine!«

Doch *strauchelst* du und alles scheint chaotisch zu sein, dann erinnere dich, dass dir ein helfendes Wesen zur Seite steht. Dein Schutzengel hat dich straucheln sehen, aber er wird dich nicht verurteilen. Er vermeidet den Vorwurf: »Habe ich dich nicht gewarnt?« Stattdessen flüstert er in dein Herz: »Nur Mut, ich werde dir helfen, dich wieder zu erheben. Schaue empor, Gott ist ja immer noch da – und alles ist gut.«

Halte fest an diesem Gedanken, besonders in Zeiten, in denen du das Gefühl hast, dass ein Schicksalsschlag nach dem anderen dich niederzuwerfen droht. Behalte deinen Humor, lasse deine Knie nicht weich werden. Erhebe dich und stehe wieder fest auf beiden Füßen. Dein Schutzengel wird dir bereitwillig helfen. Halte durch und sei nicht gleich entmutigt. Die meisten Menschen sind heiter, solange alles nach ihrem Willen geht. Doch seine innere, geistige Kraft zeigt sich erst, wenn ein Mensch auch dann lächeln kann, wenn sich alle Dinge scheinbar gegen ihn wenden. Bedenke, allein durch die Erfahrungen des Erdenlebens gelangst du in die Sphären höheren Lebens. Das Streben nach Gott, nach dem höheren Leben, das ist es, was wirklich zählt.

Weißt du, dass eine im Jenseits lebende Seele unter Umständen von den Schönheiten des geistigen Lebens gleichermaßen ausgeschlossen sein kann wie eine inkarnierte Seele? Nur gewissenhafte geistige Arbeit hier und jetzt zerreißt die Schleier und ebnet den Weg in die Reiche der Schönheit.

Ich kann euch versichern, meine Lieben, dass diese höheren Welten jede irdische Beschreibung übersteigen. Ihr müsst sie spüren, ihr müsst eine Empfindung für wahre Schönheit und für echte Musik kultivieren. Musik kommt nicht nur von Instrumenten, echte Musik ist die Harmonie, die die Saiten des Geistes zum Klingen bringt. Wisst ihr, dass mein Denken dem Klang einer Harfe gleicht? Natürlich ist uns bewusst, dass es Witze über Engel gibt, die auf Wolken sitzen und Harfe spielen. Aber denkt einmal über diese Symbolik nach! Die Harfe, die Seele und die Engel, die auf den Saiten der Seele himmlische Musik spielen. Das ist ein wunderschönes Bild. Ihr müsst lernen, auf dass Engelsfinger auf eurer Seele spielen können. Wenn ihr euch diesen Engeln des Lichts anvertrauen könnt, werdet ihr bestimmt die Musik der höheren Welten vernehmen.

V

AUSSERSINNLICHE WAHRNEHMUNG UND GEISTIGE FÄHIGKEITEN

Am Anfang der Schöpfung ruhtet ihr im Herzen des Logos. Alle Wahrheit liegt in diesem einfachen, zentralen Gedanken. Als ihr in die Inkarnation ausgehaucht wurdet, als ihr euch vom Herzen Gottes gelöst hattet und erkanntet, dass ihr einen freien Willen besitzt, habt ihr diesen wie ein eigensinniges Kind eingesetzt. Als Ergebnis seid ihr in den Sumpf des Leidens gefallen. Dort habt ihr sehr gelitten und leidet immer noch. Dennoch habt ihr euch nie ganz vom Herzen Gottes getrennt.

Wenn ihr zu den Wahrheiten der kosmischen Mysterien vordringen wollt, führt euch euer Weg über die Meditation zum Erkennen der leisen, stillen Stimme Gottes. Alle Mysterien der Ewigkeit liegen in eurem Herzen. Kein Buch kann euch belehren, obgleich geistige Anregungen in Büchern zu finden sind. Der Zugang zur Weisheit liegt in eurem Herzen. Deshalb: »Seid stille und erkennt, dass Ich Gott bin.« (Ps. 46,11)

Doch um Gott zu erkennen, müsst ihr lernen, intensiver zu leben. Ihr müsst das Leben in vollem Umfang auskosten, denn wie könntet ihr Gott näher kommen, solange ihr von euren Mitmenschen isoliert bleibt?

»Es braucht einen Gott, um einen Gott zu erkennen.« Und der Mensch, der fähig ist, hässliche und sogar schreckliche Zustände mitzuerleben, der mit jenen fühlt, die in diesen Verhältnissen aushalten müssen und der sich um ihre Leiden kümmert, derjenige, der in der sittlich verdorbensten Person etwas Liebenswertes und Menschliches findet, der in dem schlechtesten Mitmenschen Gott sehen kann – beginnt die Mysterien der Schöpfung zu begreifen.

Auch wenn es euch anfänglich schwerfällt, raten wir euch, die Freuden und Leiden eurer Mitmenschen zu teilen. Weint mit ihnen, lacht mit ihnen, seid einer von ihnen, doch behaltet euer inneres Gleichgewicht. Ihr werdet erstaunt sein, wie viel ihr von ihnen lernen könnt. Schreckt nicht vor dem Kontakt mit den Mitmenschen zurück, sondern versucht, die Schönheit hinter der Grobheit und Unreife zu sehen. Ihr sollt mit dem menschlichen Leben eins sein und euch niemals von ihm ausschließen. Lebt das Leben mit eurem Bruder Mensch.

IHR BESTIMMT EURE LEBENSUMSTÄNDE

Es gibt Menschen, die meinen, es gäbe nur wenige, die so viel Kummer auszuhalten hätten wie sie, und glauben, unter anderen Lebensumständen könnten sie so vieles besser machen. Hätten sie beispielsweise ein größeres Einkommen, mehr Freizeit, mehr Muße, wie viel Gutes könnten sie tun. Sie bemerken mit Neid, wie ihr Nachbar mit Reichtum und Freizeit gesegnet ist und über die Nöte seiner Mitmenschen hinwegzusehen scheint.

Meine Freunde, euer Leben wird vom göttlichen Gesetz bestimmt, und ihr befindet euch genau an jenem Platz mit seinen besonderen Lebensumständen, den ihr selbst gewählt habt. »Aber das ist doch Unsinn«, werdet ihr sagen. »Ich würde niemals dieses Leben gewählt haben!« Es ist euer niederes Selbst, das so spricht, der vergängliche Teil eures Wesens. Doch das höhere Selbst, der göttliche Geist in euch, weiß, was eure Seele braucht. Betrachtet euer Sehnen nach Gott als ein strahlendes Licht, das den Pfad der Seele dauernd erhellt. Nicht ein einziger Augenblick eures Daseins müsste verschwendet werden oder nutzlos sein. Der Zweck eures Lebens und der Sinn hinter jeder menschlichen Erfahrung sind Wachstum und Entfaltung der Seele. Wenn ihr unter der Oberfläche der Erfahrungen nach Weisheit und Erkenntnis suchen wolltet, könntet ihr den Prozess des Wachstums und der Entfaltung beschleunigen. Nicht was euch auf der äußeren Ebene geschieht, weder eure Lebensumstände noch der Reichtum, den ihr besitzt oder nicht besitzt, sind von Bedeutung. Wichtig sind vielmehr eure Reaktionen auf diese Lebensumstände, sind die inneren Beziehungen zu den Mitmenschen und zu Gott. Eure Lebensumstände sind gewissermaßen eine Art Einweihung, durch die ihr täglich hindurch müsst.

In der heutigen Zeit wird dem Menschen große Hilfe zuteil. Durch das Einströmen von Liebe, Licht und Kraft aus der geistigen Welt wird der menschliche Geist lebendiger. Die Menschheit wird von einem großen Aufschwung ergriffen. Jene, die eine wirkliche Einweihung erlebt haben, wissen, dass diese eine Bewusstseinserweiterung mit sich bringt, eine Vision der Zukunft vermittelt und den Wunsch erzeugt, so zu leben, dass es möglich wird, mit dem Geistigen in Einklang zu sein, damit die Seele schneller in das himmlische Königreich gelangen kann.

Doch der Durchschnittsmensch weiß nichts von den geistigen Welten, die sein physisches Leben durchdringen. Ein dichter Vorhang trennt ihn vom Jenseits, und er ist unfähig, das Geistige zu erkennen. Er nimmt nur jene Dinge wahr, mit denen er durch seine physischen Sinne Kontakt aufnehmen kann.

ENTFALTUNG GEISTIGER GABEN

Echtes Hellsehen ist wirkliche klare Einsicht. Dies bedeutet nicht unbedingt, Gestalten auf einer anderen Lebensebene zu sehen. Hellsehen kann der Blick in die Himmelswelten sein, die Wahrnehmung der Mysterien des geistigen Lebens. Hellhören kann ebenfalls klares Verstehen sein und klares Hören, nicht im Solarplexus-, sondern im Herz-Zentrum. In den physischen Manifestationsformen, die, wie wir wissen, aus dem entkörperten Lebenszustand erschaffen werden können, wird das so genannte untere Dreieck benutzt, das heißt die drei unteren Chakras. Beim echten Hellsehen und Hellhören jedoch, das sich unter der Führung des göttlichen Willens im Individuum entwickelt, werden die drei höheren Zentren genutzt – das Dreieck aus Herz-, Kehl- und Scheitel-Chakra.

Das Ziel, geliebte Geschwister, das euch vor Augen stehen sollte, ist also die sanfte und natürliche Entwicklung dieser drei höheren Chakras unter der Führung des göttlichen Willens. Ständige Meditation unterstützt diese Entwicklung. Wie wir schon bei anderen Gelegenheiten gesagt haben, ist die Meditation am besten zu üben, wenn es möglich ist, sich aus dem materiellen Leben zurückzuziehen und in ein Sanktuarium oder ein Kloster einzutreten. Solches geschah in den Tagen der Alten, wenn der Jünger von der Welt abgesondert und vom geistigen Leben eingehüllt und geschützt wurde. Heutzutage gibt es viele Menschen auf der Erde, die dies außer Acht lassen und im Rahmen einer öffentlichen Veranstaltung eine Vorführung spirituellen Hellsehens und Hellhörens erwarten. Sie begreifen nicht, dass die Schwingungen unter solchen Umständen durcheinander geraten und es zu einer Fehldeutung der übermittelten Botschaft kommen kann.

Doch kehren wir zur Meditation zurück: Es ist gut, sich anzugewöhnen, sich nicht seinen Weg durchs Leben zu träumen, sondern sich zu jeder Zeit des göttlichen Willens und der göttlichen Präsenz im Herzen sehr bewusst zu werden. Ihre Wirklichkeit ist leichter zu erkennen, wenn der Kandidat sich übt, im Gemüt ruhig zu werden, seine Emotionen zu beherrschen und sie klug einzusetzen und auszurichten, sie also nicht zu unterdrücken, sondern auf eine höhere Stufe der Liebe, des Dienens und der Freundlichkeit zu heben.

Hellsehen, klare Sicht, bedeutet weit mehr, als Geister zu sehen. Es bedeutet, *Geist* zu sehen, den Geist Gottes, den Geist Christi in deinen Brüdern und Schwestern. Es bedeutet, die Nebel der Materie und des Irdischen zu durchdringen und von deiner Welt in die himmlischen Bereiche des Lebens zu gehen, sie mit deiner Sicht wahrzunehmen und über die irdische Ebene hinaus zu anderen Planeten im Sonnensystem weiterzugehen. Ihr alle habt kaum eine Ahnung von der unermesslichen Entwicklung, die in euch noch stattfinden wird.

Ihr seid beeindruckt von den wissenschaftlichen Entdeckungen in dieser neuen Zeit, doch sie sind nichts im Vergleich mit dem, was die geistige Evolution und die Entfaltung der geistigen Gaben in der menschlichen Seele bringen wird. Wir unterweisen euch langsam, Schritt für Schritt, auf dem Weg der Entfaltung eurer psychischen oder Seelenkräfte. Es ist Pionierarbeit, liebe Geschwister, aber die Entwicklung dieser Aspekte – das Heilen und die Seelenkraft der Hellsicht, das Hellhören und astrale Reisen und das Wahrnehmen noch viel schönerer, höherer Stufen des Lebens – kann nur stattfinden, wenn ein festes und vollkommenes Fundament gelegt ist: die Grundlage der geistigen Bruderschaft, des geistigen Lebens. Wenn ihr an dem Wort „geistig" Anstoß nehmt, werden wir sagen „wahres" Leben, das ist ein Leben, das von Wahrheit leuchtet. Wahrheit ist die Befreierin. Wenn die Menschen sie gefunden haben, werden sie nicht länger gebunden sein von irgendeinem sterblichen Ding.

ÄTHERISCHES SEHEN

Der Mensch ist sozusagen der Gefangene seines eigenen Körpers. Doch es gibt feinstoffliche und verfeinerte Daseinsstufen innerhalb des Physischen, in welche der Mensch vordringen kann. Wie wir bereits erklärten, befindet sich in unserer siebenfachen Wesenheit der Ätherleib. Der Erscheinung nach ist er ein Doppel des physischen Leibes, aber er besteht aus einer Substanz, die für das physische Auge unsichtbar bleibt. Dieser ätherische Körper ist mit dem physischen Körper verschmolzen, er durchdringt ihn ganz. Er besteht aus einem dichteren und einem feineren Teil und wirkt durch das Nervensystem. Im Tode zieht sich der Ätherleib zurück. Seine gröbere Substanz, die der irdischen Materie ähnlich ist, löst sich zusammen mit dem physischen Körper auf.

Während des Erdenlebens bildet der Ätherleib die Brücke zwischen der Seele und den feineren Welten. Über diese Brücke und über das Nervensystem und den mentalen und vitalen Körper eines Mediums kann ein Geistwesen mit den Irdischen in Verbindung treten. Die Qualität der durchkommenden Botschaft hängt hauptsächlich von dem Charakter des Mediums ab, den Umständen seines oder ihres Lebens, den Voraussetzungen, die durch das Medium gegeben sind und dem psychischen und physischen Zustand desjenigen, dem die Botschaft übermittelt wird.

Ein noch feinerer ätherischer Körper, den wir den Licht- oder Vitalkörper nennen wollen, durchdringt sowohl den gröberen ätherischen und physischen Leib, als auch die höheren Körper – den mentalen, den intuitiven und himmlischen Leib. Dieser Lichtkörper ist somit das verbindende Glied zwischen all diesen Körpern, durch welche geistiges, göttliches Licht hindurchfließen kann, bis hinunter zum dichten ätherischen Körper, der seinerseits alles mit dem Gehirn und dem Nervensystem verbindet.

Wenn wir über gewöhnliches Hellsehen sprechen, so meinen wir jene Art des übersinnlichen Sehens, das am meisten bekannt ist. Viele Missverständnisse bestehen über die Natur des Hellsehens. Der dichtere ätherische Körper ist bei gewissen Menschen nur lose mit dem physischen Körper verbunden und kann sich sehr leicht von diesem lösen. Die ätherische Ebene liegt der Erde derart nahe, dass sie vielen Geistwesen ebenso dicht und schwer zu sein scheint wie physische Substanz. Die niedere ätherische Ebene registriert Bilder, die dann auf die irdische Ebene projiziert werden. Manche Leute, die wir als unfreiwillige Hellsehende bezeichnen möchten, können diese Formen oder Bilder über ihr Sonnengeflecht wahrnehmen. Auch Tiere »sehen« zuweilen auf diese Art. In ferner Vergangenheit, bevor der Mensch in derart nahen Kontakt mit dichter physischer Materie kam, waren unfreiwillige Visionen wie diese allgemein üblich.

Sehr große Unterschiede bestehen zwischen dem Hellsehen auf der unteren ätherischen Ebene und jenem, das das Ergebnis ist von geistiger Schulung und korrektem Gebrauch der psychischen Zentren oder Chakras im Ätherleib.

Der Unterschied lässt sich so beschreiben: Stehe am Ufer eines stillen ruhigen Sees und schaue die Widerspiegelung der Bäume und des Himmels im Wasser. Wie schön ist der Anblick. Ist jedoch die Wasserfläche bewegt, dann wird das Spiegelbild verzerrt. Es ist schließlich nur eine Widerspiegelung, ein Spiel von Licht und Farbe. Nun führt euren Blick zurück zu der wirklichen Landschaft, den Bäumen und dem Himmel, und ihr werdet das sehen, was zuverlässig für eure Sinne klar und wirklich erkennbar ist. So kann man den Unterschied erklären zwischen unfreiwilligem Hellsehen, welches eine Registrierung des niederen ätherischen Körpers und gewöhnlich unkontrolliert und unentwickelt ist, und dem intelligenten oder geschulten Hellsehen, welches Licht oder Antrieb von der Ebene des göttlichen Geistes erhält.

Gewisse Drogen können den Ätherleib vom physischen Körper lösen. Ein berauschendes Getränk bewirkt dasselbe. Es treibt diesen Leib manchmal in ziemlich düstere Sphären, wie es mit jenen Unglücklichen, vom »Delirium tremens« Befallenen, geschieht, wenn ihr Ätherleib die Anblicke und Zustände einer hässlichen astralen Ebene aufnimmt. Eine Narkose treibt den Ätherleib ebenfalls aus. Zuweilen ist das Bewusstsein eines Patienten aktiv, doch meistens bleibt es passiv und übermittelt dem Patienten keine Rückerinnerung.

ENTFALTUNG DER HELLSICHTIGKEIT

Es besteht eine Verbindung zwischen dem Ätherleib und bestimmten wichtigen psychischen Zentren – den beiden im Kopf und denen in Kehle, Herz, Solarplexus, Milz und an der Basis der Wirbelsäule. Wer den Körper studiert hat, wird diese Zentren als Brennpunkte des Nervensystems erkennen. Diese Zentren sind auch mit den verschiedenen Sphären oder Ebenen des geistigen Lebens verbunden. Sie gleichen Blumen mit ihren Blütenblättern. Wenn ihr beginnt, euer geistiges Bewusstsein zu entwickeln, werden sich diese blumengleichen Zentren entfalten. Sie beginnen sich zu drehen, bekommen Leben und Licht und strahlen leuchtende Farben aus. Eure geistigen Führer und Helfer erkennen den Stand eurer Entwicklung an der Schwingung, dem Licht und der Kraft, die sie in diesen Zentren sehen können.

Etliche von euch haben die übersinnlichen Zentren in einer vergangenen Inkarnation erweckt und jetzt, da ihr wiedergeboren seid, strahlen sie ein Licht aus, welches das Gefüge des Ätherleibes zu lösen vermag. Solch einen Menschen nennt man ein »natürliches Medium« oder einen natürlichen Hellseher. Der »wahre« Hellseher ist einer, der die Kenntnisse mitbringt und weiß, wie er diese Zentren weise gebrauchen kann. Oftmals wird er hierdurch große Werke vollbringen.

Die Zentren beginnen zu strahlen, wenn Wille und Intelligenz sie zur Tätigkeit anregen. Das Zentrum, das gewöhnlich zuerst auf außersinnliche Begebenheiten reagiert, ist das Sonnengeflecht. Ihr sagt: »Ich kann weder sehen noch hören, aber ich *spüre!*« Wenn ihr versucht zu analysieren, was ihr »spürt«, wisst ihr es nicht. Aber wenn ihr sorgfältig untersucht, was geschehen ist, werdet ihr entdecken, dass das Sonnengeflecht ein seltsames Gefühl erfahren hat, und so »spürt« ihr, dass ihr »fühlt«.

Das Zentrum zwischen den Augenbrauen, manchmal das dritte Auge genannt, wollen wir hier als »Stirn-Chakra« bezeichnen. Dieses Chakra, unter der Leitung des Willens und des geistigen Selbst vernünftig eingesetzt, hilft dem Sensitiven, sich geistiger Sphären bewusst zu werden. Wahres Hellsehen hat nichts mit dem physischen Auge zu tun. Hellsehen erlebt ihr in eurem inneren Selbst. Ihr mögt das Gefühl haben, dass ihr einen bestimmten Gegenstand anschaut, doch in Wirklichkeit schaut ihr tief nach innen, in die eigenen blumenähnlichen Zentren oder Chakras. Deshalb könnt ihr mit euren geschlossenen Augen hellsichtig sehen. Ihr könnt auf diese Weise sogar besser sehen. Nun werdet ihr sagen: »Ja, aber alles das könnte nur Einbildung sein.« Einbildung ist ein Begriff, der allzu lose gebraucht wird. Einbildung oder Vorstellungskraft ist das Tor zu wahrer geistiger Schau.

Denkt nicht, dass das Stirn- und das Sonnengeflecht-Chakra die einzigen Zentren sind, die gebraucht werden. Wenn ihr die himmlische oder Intuitionsebene berührt, werdet ihr nicht nur mit dem Stirn-Chakra sehen, sondern auch mit den anderen Zentren – ja, das ganze Wesen sieht. Auf dieser Ebene registriert und widerspiegelt ihr die geistigen Ebenen tatsächlich und ohne Verzerrung. Durch göttliche Liebe beginnt das *Herz-Zentrum* zu pulsieren und strahlt Licht in wundervollen Farben aus. Dann werdet ihr euch der göttlichen Wahrheit bewusst und zum Vermittler und Kanal für reine Wahrheit.

Ihr stellt vielleicht fest, meine lieben Freunde, dass ihr bei euren Versuchen einer Kontaktaufnahme zur Kommunikation nur sehr wenig – wenn überhaupt irgendwelche – greifbar-materielle Beweise für die Anwesenheit eurer Lieben erhalten werdet. Möglicherweise gibt es praktisch gar nichts, das niedergeschrieben und als Beweis präsentiert werden könnte. Gleichwohl stehst bzw. sitzt du in der Kommunion mit deinen Lieben und bist dir im Herzen gewiss, dass etwas zwischen euch geflossen ist, dass eine Liebe zwischen euren Herzen ausgetauscht wurde. Dies magst du erkannt haben an einer Berührung, an bestimmten Worten oder Sätzen, die übermittelt wurden, oder du weißt es aufgrund deiner Intuition und des Gefühles, dass du Kontakt mit dem Geist deiner Lieben gehabt hast. Manchmal, in absoluter Stille oder durch irgendeine Handlung oder in einer bestimmten Atmosphäre, die entstanden ist, bist du sogar überzeugt. Andererseits wiederum mag es sein, dass du deine Botschaft auf einer anderen Ebene empfängst, wie wir bereits erklärt haben. Die Methode, von der wir gerade sprechen, bezieht sich auf die höchste geistige Ebene, welche die menschliche Seele zu erreichen vermag, solange sie sich im Schwingungsbereich der Erde und des Erdenlebens befindet. Wir meinen nicht nur in einem physischen Körper, wir meinen in diesem Planeten-System.

Auch auf der mentalen Ebene mag eine Übermittlung

dich erreichen. Du erfährst Fakten und Gestalten, die sich verifizieren lassen und aus weltlicher Sicht dann als sehr beweiskräftig gelten; doch eine solche Manifestation wird etwas Unvollendetes bleiben. Du wirst einen Mangel empfinden und dir nicht vollkommen sicher sein; trotz der anscheinend sehr guten Indizien bleibt noch ein Rest Ungewissheit bestehen. Das Gleiche gilt selbst bei einer Manifestation physischer Phänomene – ein Gefühl von geistigem Hunger wird dir bleiben. Obwohl dir gewisse Fakten präsentiert worden sind, fühlst du dich nicht ganz befriedigt.

Schließlich wirst du in der Entwicklung des Hellsehens und des Hellhörens – und diese Entwicklung erlebt ihr gerade – feststellen, dass du in den frühen Phasen wunderschöne Farben siehst, die du für die Früchte deiner Vorstellungskraft hältst. Du hörst vielleicht Klänge und meinst, Himmelsmusik wahrzunehmen, ohne zu erkennen, dass diese Manifestationen aus dem Inneren deines eigenen Wesens kommen und Anzeichen des Erwachens des göttlichen Lebens, der göttlichen Kraft in dir sind.

Christus kam nicht nur, um diese Kraft im Menschen anzuregen, sondern auch um das Wissen um den wahren Weg zu lehren, den wahren Weg, der zu wählen ist. Liebe kommt stets an erster Stelle. Liebet einander. Seid einander Brüder und Schwestern. Dies bringt Gleichgewicht, Vereinigung, und beide zusammen bringen Stärke. Zuerst müssen die individuelle Stärke und Selbstbeherrschung wachsen, dann kommt die Vereinigung des Ganzen. Dies gilt nicht nur zwischen einzelnen Menschen, sondern auch im nationalen und internationalen Maßstab.

HELLHÖREN

Jeder kann durch geistige Schulung wenigstens bis zu einem bestimmten Grad hellhörend werden. Hellhören wird von ähnlichen Gesetzen geregelt wie Hellsehen. Beim Neugeborenen ist das Hören der erste Sinn, der sich entwickelt, dann das Fühlen und erst dann das Sehen. Beachtet dies, denn es ist für die geistige Entfaltung bedeutsam. Der Grundsatz des Hermes Trismegistos lautet: »Wie oben so unten – Wie unten so oben.« Die Erfahrung lehrt uns die Wahrheit dieses Grundsatzes, welcher sowohl in exoterischer als auch in esoterischer Hinsicht gilt.

Viele meinen, wenn sie in einem spiritistischen Kreis die »direkte Stimme« hören, dass sie eine klare und unverfälschte Botschaft direkt von ihren Lieben aus der geistigen Welt erhalten, weil dies anscheinend ohne menschliche Vermittlung geschieht. Aber dem ist nicht so, denn die Stimme wird, wenn auch nicht vom physischen, so doch vom ätherischen Kehlkopf und von den ätherischen Stimmbändern des Mediums erzeugt. So kann die Botschaft, die mit der »direkten Stimme« anscheinend ohne Benützung des physischen Stimmorgans durchgegeben wird, von der Persönlichkeit des Mediums gefärbt sein, weil Kräfte aus dem Ätherleib des Mediums benützt werden, um die Stimme zu erzeugen.

Das Kehlkopf-Zentrum steht in engem Zusammenhang mit der Fähigkeit des Hellhörens. In der Meditation könnt ihr das nachprüfen. Konzentriert euch auf euer Kehlkopf-Zentrum und ihr werdet unwillkürlich hinhorchen. Wenn ihr gelernt habt, still zu sein und die Macht des Schweigens erkennt, werdet ihr erstaunt sein, dass sich euer geistiges Hören zu entwickeln beginnt.

Außer dem erwähnten ätherischen Hellhören lasst uns nun das *geistige* Hellhören betrachten, die Fähigkeit, sakrale Töne und Schwingungen aus rein geistigen Welten zu hören. Jeder kann für die Stimme reinen Geistes empfänglich werden; sie spricht mit der leisen inneren Stimme, der Stimme des Gewissens.

Ist es nicht seltsam, dass ihr gerne die Stimme des Geistes hören möchtet, doch unter keinen Umständen die Stimme des Gewissens vernehmen wollt? Mit vielen Ausreden bringt ihr diese Stimme zum Schweigen. Liebe Freunde, so ihr sie aber beachtet, seid ihr auf dem wahren Weg zum Hellhören oder klaren Hören. Je strenger ihr mit euch selbst seid, je besser ihr eure äußere Persönlichkeit unter Kontrolle habt, sodass die innere Stimme oder die Stimme des Gewissens gehört wird, desto schneller könnt ihr hellhörend werden.

Du solltest dich selbst als Resonanzboden betrachten, fähig, auf Schwingungen der höheren Welten zu reagieren. Du kannst den Klang, der aus der Stille der Welt des reinen Geistes und aus der höheren astralen Welt zu dir kommt, interpretieren. Hinhören zu lernen, ist der erste Schritt. Fürchte nicht die innere Stimme, ignoriere sie nicht und bringe sie nicht zum Schweigen. Lasse sie ein, heiße sie willkommen. Lasse sie sogar dann ein, wenn sie dir sagt, dass du im Unrecht bist. Sei dankbar, dass du die Stimme des Gewissens erkennen kannst, denn durch sie wirst du zum wahren Klangkörper und wirst die Stimmen der Engel vernehmen.

Ihr fragt: Können geistige Dinge mit den physischen

Ohren gehört werden? Ihr werdet sie in eurer Kehle und in eurem Kopf hören, antworten wir. Es ist schwierig, genau zu erklären, was wir meinen, aber die Stimme, der Klang, die Harmonie, die ihr empfindet, wird allmählich klarer werden als die Klänge der physischen Ebene. Es ist durchaus möglich, auch während ihr noch einen physischen Körper bewohnt, euer Bewusstsein so zu erhöhen, dass ihr Melodien höherer Ebenen vernehmt, wobei die störenden Laute der physischen Ebene ausgeschaltet sind.

Es wird dich interessieren, dass Gedanken gehört werden können, denn sie lösen eine Schwingung auf der mentalen Ebene aus. In der inneren Welt, auf allen Stufen der astralen Ebene, wird ein von dir ausgesandter Gedanke sofort von deinem Helfer empfangen. Ein Gedanke von dir zu deinem geistigen Führer wird tatsächlich gehört.

HÖRT DAS GROSSE „OM" DES LEBENS

Ein weiterer Weg, der zur Erkenntnis der tiefen Weisheit in deinem Inneren führt, ist deine Liebe zur Natur. Die Harmonie zwischen der menschlichen Seele und dem Naturreich ist in den frühen Stadien der Entwicklung vielleicht nicht sehr wichtig, doch wenn die Seele die Stufe der Initiation erreicht, erlangt sie vitale Bedeutung, weil dann die Beherrschung der niederen Stufen des Lebens im Naturreich sowie die Kontrolle der nämlichen Kräfte auf der Astralebene von dir verlangt werden.

Wie der Meister Jesus lehrte, ist der Weg der Liebe zugleich der Weg der Kraft. Das Mittel, um die Kräfte auf diesen niederen Stufen des Lebens zu beherrschen, ist die Liebe; sie ist der einzige Weg, auch wenn gewisse Menschen andere Methoden probieren. (Sie versuchen es mit Gewalt.) Solange du zulässt, dass Liebe dein Herz und Gemüt erfüllt, wirst du imstande sein, alle niederen Formen zu kontrollieren und zu regieren. Darum ist es von entscheidender Bedeutung, zu Tieren freundlich zu sein – und sie mit Liebe zu führen, nicht mit der Peitsche.

Musik ist eine gewaltige Kraft, man könnte sagen, eine Kraft mitten aus dem Herzen der Schöpfung. Deshalb lenken wir deine Aufmerksamkeit darauf, deinem Weg der geistigen Entfaltung auf den Pfaden der Musik zu folgen. Freilich gibt es viele Arten von Musik; was der eine für Musik hält, mag der andere nicht hören. Für manche ist das Schnurren eines rund laufenden Motors Musik, für anderen gilt es nur als Geräusch. Manche Seelen fühlen sich, als lauschten sie einem göttlichen Orchester, wenn sie durch den Wald gehen und den Wind in den Bäumen, den Gesang der Vögel, das Summen der Insekten hören und den Duft des Heidekrauts wahrnehmen. Andere wiederum spazieren durch den gleichen Wald und hören nichts.

Manche von euch gehen durch ihren Garten und empfinden jede Blüte und Blume als einen Ton schöner Musik, und für manche von euch ist auch die Liebe, die ihr für eure Familie und eure Freunde empfindet, reine Musik. Diese besondere Liebe, die ihr erlebt habt, ist eine große Symphonie. Versteht ihr, was ich euch zu vermitteln versuche? Nicht nur Töne, die auf den Saiten eines Instruments entstehen, sind Musik; eure Seele kann den vollkommenen, göttlichen Klang der Schöpfung vernehmen.

Was ihr mit Hilfe eines Instruments hervorgebracht habt, mag nichts weiter als Musik sein – es kann für dich aber auch ein göttliches Erlebnis sein, ein Seelen-Erlebnis. Der Klang trifft dein Ohr, und das Gehirn deutet ihn. Aber wie deutet es ihn? Gelangt er irgendwie weiter, wenn dein Geist nicht angesprochen wird? Er kann es nicht.

Auf den Berggipfeln in Tibet, an den Orten der tiefsten Stille in dieser Welt, ist die erhebende Musik des göttlichen Orchesters zu vernehmen; solches aber begegnet dem Menschen, der den Mut hat, sich selbst zu finden. Meditiere über das heilige „OM". Dieser Laut hat einen bestimmten Ton; wenn du ihn findest oder triffst, kannst du sein Pulsieren durch deine Seele spüren. Dann wirst du dich nicht länger fragen, ob es ein Leben nach dem Leben oder so etwas wie den Himmel gibt. Wenn du diesen Ton einmal getroffen hast oder die heilige Silbe zum Klingen bringst, wirst du Kontakt und volle Verbindung haben, und in diesem Ton wird die ganze Schöpfung in Harmonie gelangen. Es wird sich anfühlen, als ob die Bienen, Blumen, Vögel, das fließende Wasser und die Winde sich alle verbinden zu einem großen Klingen, einer universellen Musik. Bevor du diese Note nicht gefunden hast, wirst du niemals eine echte Kommunikation von Geist zu Geist auf den höheren Ebenen erreichen; wenn du dies begreifst, dann bist du in der Tat ein Medium.

DER INNERE FRIEDEN

Habt ihr das schreckliche Geschwätz auf der ätherischen Ebene, die an die physische Ebene grenzt, schon einmal vernommen? Es ist, als würdet ihr euren Radioempfänger einschalten und erhieltet gleichzeitig eine ganze Menge Stationen. Könnt ihr euch dieses Durcheinander vorstellen? Die Gedanken der Menschen bringen Geräusch und Lärm hervor, Lärm statt Wohlklang. Nur die auf den geistigen Ebenen der Harmonie erzeugten Schwingungen können wir Wohlklang oder Musik nennen. Nun stellt euch vor, ihr ginget durch dieses unharmonische, rohe und grelle Geschwätz hindurch, um dann emporzustreben durch die Ebenen des geistigen Lebens, eine heller als die vorangegangene, bis ihr die Sphären der Harmonie erreicht. Auf diesen Ebenen schwingt Musik, sogar die Gewänder der Bewohner vibrieren in Harmonie und Melodie.

Könnt ihr diese Schönheit einigermaßen erahnen? Ihr könnt die Kraft erwerben, in dieses göttliche Orchester einzustimmen, denn ihr habt die seelische Veranlagung dazu, und diese liegt tief in euch selbst. Ihr könnt die Kraft erwerben, klarer und deutlicher zu hören, als es auf der physischen Ebene möglich ist. Doch zuvor müssen Harmonie, Reinheit und Liebe in euch sein.

Ihr seid ununterbrochen eingehüllt in die geistige Kraft, die von der Aura des Christus ausstrahlt, der ausgesandt wurde von Vater-Mutter-Gott, um den Weg für alle Kinder Gottes zu ebnen, zu reinigen und zu erleuchten. Ihr könnt nicht außerhalb des Christus-Geistes leben. Wenn sich die Menschheit quält, wenn dunkle Seelen anderen Leid zufügen und unwissende Seelen leiden, dann seid euch bewusst, dass ihr Kanal und Mittler sein könnt und Christus durch euch andere erreichen kann, um ihre Dunkelheit zu erhellen.

Doch nicht durch Predigen, sondern lediglich durch das

Erstarken eures Geistes, durch das Wachsen des göttlichen Verstandes in euch und das Ausstrahlen von gutem Willen und Frieden aus euren Herzen kann dies erreicht werden. Es ist nicht genug zu glauben, dass Krieg völlig falsch ist. Ihr müsst *in euch* Frieden haben, der euch gelassen, sogar fröhlich durch den Tag bringt, so dass ihr, umgeben von irdischen Konflikten, ungestört bleibt, wie es der Meister lehrte, als er dem Sturm Ruhe gebot. Der See von Galiläa stellt bildlich die vom Sturm gepeitschte Seele dar. Der im Boot, im Herzen des Menschen, schlafende Meister erhebt sich und stillt den Sturm. Er ist Meister – ist Kapitän – *ist* Frieden.

Dies ist es, was wir unter friedfertig sein und in Frieden leben verstehen. Ihr braucht ein immerwährendes Erkennen eurer Beziehungen zu Christus und zu *Vater-Mutter-Gott*. Fühlt den Frieden, den die Engel bringen. Denkt nicht, Friede sei ein rein passiver Zustand. Die Tiefen des Friedens enthalten die schöpferischen Kräfte des Weltalls, und die heiligen Worte der Macht ertönen in der Stille. Friede ist dynamisch, so wie Liebe und Weisheit dynamisch sind. Diese geistigen Eigenschaften – die Liebe, die Weisheit, der Friede – sind erfüllt mit Kraft, einer Kraft, die ohne seelisch-geistige Gelassenheit unerreichbar ist.

DAS ABENDMAHL

Über seine fünf Sinne lernt das göttliche Ego, der Geist des Menschen, sich seines Gottes bewusst zu werden, die Nähe von *Vater-Mutter-Gott* zu sehen, zu hören, zu riechen, zu schmecken und zu ertasten. Das Abendmahl, die heilige Kommunion, eine wunderschöne Feier in euren Kirchen, ermöglicht es den Teilnehmern, solch eine innere geistige Verbundenheit zu erleben. Das Abendmahl mit Brot und Wein beeinflusst des Menschen höhere Körper für eine Weile, doch kann dieses Ritual trotz der Schönheit seiner äußeren Form zum Buchstabenglauben werden, zu einer Krücke, zu einer Gewohnheit, in welcher der Mensch stecken bleibt.

Versucht, in eurer Kirche oder Loge die Gegenwart der Engelwesen zu spüren. Von ihnen gehen Ströme geistiger Kräfte aus und können vom Herz-Zentrum jener Menschen aufgenommen werden, die demütig und einfachen Herzens die geistige Hilfe der Engel annehmen wollen.

Das heilige Abendmahl weckt die Gottnatur im Menschen und befähigt ihn, seine Schwingung zu erhöhen, um für kurze Augenblicke die Reinheit, Herrlichkeit und Göttlichkeit des Christus zu erleben. Notwendig sind hierbei die äußeren Symbole von Brot und Wein natürlich nicht, wichtig ist nur, dass der Mensch sich dieses Ausströmens bewusst und sein Herz davon ergriffen wird.

Wir hoffen, dass du, wenn du unseren Worten lauschst [und folgst], imstande sein wirst, eine magische Kommunion des Geistes zu spenden und zu empfangen, denn Kommunion muss gegenseitig sein. Um in Fülle empfangen zu können, musst du jenen, die aus der geistigen Welt kommen und mit dir sprechen, in Fülle geben. Im vollkommenen Verschmelzen der Liebe entsteht das Geschenk der Kommunion; dies bringt den Beteiligten einen Duft von spiritueller Schönheit, der wiederum das Leben des Menschen mit Frieden inspiriert.

Deshalb raten wir euch immer zu einfacher Geschwisterlichkeit untereinander, zu einfacher, liebevoller, menschlicher Kameradschaft und zur Wertschätzung von Gottes Schönheit in allen Manifestationen der Natur. Die selbe Süße erfüllt deine Seele, wenn du zur geistigen Kommunion in jenem höheren Selbst kommst – in den Tempel oben. Kannst du dir etwas Lieblicheres vorstellen als die Schönheit der Natur – das großartige Panorama aller Schönheit der Natur zu Lande, zu Wasser und in der Luft? Alle diese Dinge erwecken und beleben den Gott in dir.

Das sind wahre, ewige und wirkliche Werte, und die Verwirrung und das Chaos auf der Erde sollten eure Gedankenwelt nicht beeinflussen. Die Macht der Christusliebe kann nicht besiegt werden. Kein Feind kann den Lichtkreis durchbrechen, den ihr durch euren Willen und mit eurer Liebe um euch zu legen bemüht seid. Die rote Rose, die wir so oft erwähnen, symbolisiert die Gabe göttlicher Liebe an die Kinder Gottes, eine Liebe, die durch Christus sichtbar geworden ist. Er wird nicht eher fortgehen, sich nicht in die Sphären des Lichtes, die für ihn und euch bereitet sind, zurückziehen, als bis jedes Kind Gottes in seine wahre Heimat zurückgekehrt ist. Das mag veraltet klingen – doch ist es nicht tröstlich zu wissen, dass alle Kinder Gottes eines Tages in die Aura seiner Liebe aufgenommen werden? Dann wird alles Irdische vergehen und dieser dunkle Planet (so wird eure Erde in den Sphären des Lichtes genannt) hat seine wundervolle Aufgabe im großen Plan Gottes erfüllt.

VI

DAS LEBEN IM JENSEITS

Unter der jenseitigen oder geistigen Welt versteht man gewöhnlich die Himmelswelten, jene Sphären, in welche die Menschen eingehen, nachdem sie das irdische Leben verlassen haben. Viele empfinden es als völlig unverständlich, wenn wir ihnen sagen, dass die geistige Welt mehr ein Zustand des Bewusstseins der Seele als eine Räumlichkeit außerhalb der Erde sei. Man sagt euch, dass Raum und Zeit in der geistigen Welt gar nicht existieren und dennoch hört ihr, dass man von Ort zu Ort und von Sphäre zu Sphäre reisen kann. Einerseits erzählt man euch, dass die geistige Welt unmittelbar die Erde umgibt und andererseits sagen wir euch, dass die geistige Welt *inwendig* in euch sei. Wie kann man diese verschiedenen Auffassungen miteinander in Übereinstimmung bringen?

Wir wollen einmal das höhere Bewusstsein betrachten. Wenn du deine Augen schließt und deine Gedanken nach innen lenkst, wirst du allmählich in deiner Seele ein Leben finden, das sehr real ist. Du wirst eine innere Bewusstseinsebene erleben und wirst weiterhin entdecken, dass du sie *gedanklich* ändern kannst. So wie deine Gedanken an Schönheit gewinnen, scheint das innere Licht heller zu werden. Bleiben deine Gedanken hässlich und schal, bleibt die innere Welt auch hässlich und schal. So entdecken wir, dass sich die geistige Welt in der eigenen Seele widerspiegelt.

Wir können die Sachlage auch anders veranschaulichen. Es gibt Menschen, die auf einem Spaziergang über Land sehr wenig beachten. Sie bleiben von der Schönheit der Natur gänzlich unberührt, denn diese Schönheit dringt nicht in ihre Seele ein. Ein anderer Mensch, der denselben Weg geht, ist von tausend Kleinigkeiten in Hecken und Feldern entzückt, vom Vogelleben und vom Spiel des Sonnenlichtes und der Schatten. Hierbei beobachtet er die Natur nicht nur mit dem physischen Auge, sondern beginnt auch mit dem geistigen Auge zu sehen. Ein dritter, der denselben Weg geht, ist noch offener für das geistige Leben hinter der physischen Form, und seine Wahrnehmungsfähigkeit ist bedeutend größer. Er sieht nicht nur das ganze Spektrum physischer Schönheit und Pracht, sondern ist sich zusätzlich der Schwingung oder der Impulse eines Lebens bewusst, das die physische Welt durchdringt. Seine Seele widerspiegelt die geistige Welt.

Etwas Ähnliches geschieht, wenn ein Mensch vom physischen in das jenseitige Leben hinübergeht. War er stark in materielle Dinge verstrickt, wird er in diesem Zustand verharren, wenn er gestorben ist und die dichte, niedere Astralwelt betritt – eine Welt, die sich nur wenig von der physischen unterscheidet. Auch wenn seine Umgebung schön sein sollte, so bedeutet ihm diese Schönheit nichts. Der andere, der genauer beobachtet und für die Schönheit empfänglicher ist, wird in eine hellere Sphäre eingehen. Und der dritte, der geistig wach und in einer höheren Schwingung ist, wird in eine herrliche Welt gelangen.

In jeder folgenden Inkarnation vervollständigt die Seele diesen Wachstums-Prozess. Ein Mensch, der sein grobstoffliches Erdenkleid abgelegt hat und sich im astralen

Gewand wiederfindet, wird die Schönheit der geistigen Welt nicht schauen können, wenn nicht das Licht seiner Seele durch die Erfahrungen der Erde und durch die Entfaltung seines Charakters sehr hell geworden ist. Doch im Laufe seiner Seelenreise wird er allmählich die Hülle astraler Materie abwerfen. Was grob und dicht ist, fällt ab – ein Prozess, der sich in allen Stufen astralen und mentalen Lebens wiederholt, bis zuletzt die reine Seele in die himmlische Welt eingeht.

Wir wiederholen: Wenn ein Mensch während seiner Erdenerfahrungen keine Charakterstärke und Seelengröße entwickelt hat, wird seine Umwelt und sein Blickfeld auch im Jenseits begrenzt sein. Auf Erden hängt der Erfolg größtenteils von der Intelligenz und von erlangten Kenntnissen ab. Im Jenseits hingegen ist alles eine Angelegenheit der Klarheit und Demut des Geistes, des Seelenwissens, des Empfangsvermögens feinerer Schwingungen und der Erfahrungen, die während des Erdenlebens gesammelt wurden. Dabei spielen Umstände, Intellekt oder materielle Gegebenheiten keine Rolle, nur die Qualität des Bewusstseins, die Menschenliebe, Toleranz und Sympathie. In anderen Worten – alles beruht auf des Menschen Herzensgröße und Schönheit des Charakters.

Wo ist nun, räumlich betrachtet, die geistige Welt? Ihr werdet sagen: »Wenn sie räumlich ist, dann muss sie irgendwo außerhalb der Erde sein, und dennoch hören wir immer wieder, sie sei inwendig.« Die Antwort ist einfach. Astrale Substanz, die der Erde am nächsten ist, durchdringt physische Substanz. Wenn ein Geistwesen dein Haus betritt, sieht es nicht die physischen Wände oder Möbel, sondern deren astrales oder ätherisches Gegenstück. Weil das Geistwesen sich nicht in eurer dreidimensionalen Welt manifestiert, ist die physische Materie für das Wesen einfach nicht da. Doch die Astralmaterie existiert, und das Geistwesen kann eben nur diese wahrnehmen. Dasselbe gilt für die ganze Natur. Immer ist es das astrale Gegenstück, welches das Geistwesen wahrnimmt.

Alles Materielle hat sein astrales Gegenstück. Die Wesen auf der astralen Ebene empfinden ihre feinstoffliche Materie als leicht und selbstleuchtend. Eure geistigen Freunde können ihre eigenen Wohnungen so nahe bei den eurigen haben, dass sich die beiden durchdringen. Aus diesem Grund kann man nicht von getrennten Räumlichkeiten sprechen, sondern von einer allseitigen Durchdringung verschiedenster Lebenssphären. Alles ist eine Frage der Schwingungen – und euer »Sehen« auf anderen Ebenen hängt ab von eurer Fähigkeit, eure Schwingung zu erhöhen, bis sie in Harmonie mit der Frequenz der astralen oder einer höheren Welt schwingt. Niemand muss erst sterben, um die inneren Welten zu erreichen.

Oft fragt man uns: »Was essen eigentlich die Bewohner der nächsten Ebenen? Können sie überhaupt essen? Was tun sie dort?« Nun – in der Astralwelt wachsen wunderbare und köstlich schmeckende Früchte, welche die dortigen Bewohner pflücken. Außerdem können sie irgendwelche Speisen genießen, die sie gerne mögen. Doch in den höheren Sphären schwindet der Wunsch nach Speise und Trank. Trotzdem möchten wir, dass ihr die geistige Welt als wahrhaft und real begreift. Diejenigen, die dort leben, können, wenn sie es wünschen, ein Bankett abhalten, herrliche Speisen genießen und ein Getränk kosten, das wie Wein mundet, aber in Wirklichkeit eine feinstoffliche Substanz ist. Alle Nahrungsmittel und Früchte sind dort geistiger Art, denn sie existieren auf einer geistigen Ebene des Lebens. Für uns sind sie genau so real, wie die gröberen Nahrungsmittel für euch Wirklichkeit sind. Die Bewohner höherer Sphären können sich auch kleiden, wie sie wollen, z. B. in wundervolle weiche Stoffe, wie sie auf Erden gar nicht vorkommen. Wir versuchen, euch klar zu machen, dass das Leben in der geistigen Welt genauso wirklich ist wie das Erdenleben, doch unendlich viel schöner.

Zwei weitere Fragen, die oft gestellt werden, lauten: »Altert man in der jenseitigen Welt? Warum zeigt sich ein Jenseitiger manchmal als alte Frau oder als alter Mann?« In der Astralwelt gibt es kein Alter, lediglich, wenn wir es so ausdrücken dürfen, eine Zeit der Reife. Eine Person mag gereift erscheinen, doch niemals hinfällig oder altersschwach, sondern voller Leben, Gesundheit und Wohlsein. Jedes Geistwesen kann sich so kleiden, wie es möchte und wird vorzugsweise, wenn es die Erde besucht, jene Gestalt und Kleidung annehmen, die es am Ende seines letzten Lebens trug, um erkannt zu werden. Doch sobald es in die Astralebene zurückkehrt, wird es wiederum das strahlende Aussehen seiner dortigen Existenz haben.

Ihr liebt es doch, euch öfter umzuziehen. Auch wir haben eine Auswahl von Gewändern oder Erscheinungsformen, in die wir uns, wenn wir es wünschen, kleiden. So z.B. können wir als ein Mensch des Ostens mit weißer Kleidung und Turban erscheinen oder als ein Atlanter mit einer Federkrone oder als Indianer mit Adlerfedern geschmückt, oder wir nehmen die Kleidung und das Aussehen unserer Inkarnation als ägyptischer Priester an. Auch ihr werdet Ähnliches tun. Was ihr einstmals gewesen seid, welche Inkarnation ihr einstens hattet, ihr habt stets das Recht, die entsprechende Gewandung zu tragen, es ist *eure* Kleidung. Ihr habt sie einst getragen, ihr seid in sie hineingewachsen und sie gehört euch.

In der geistigen Welt gibt es herrliche Gebäude. Für den Wissenschaftler sind umfangreiche Laboratorien da, für den Astronomen Observatorien, für den Künstler gibt es Kunstgalerien, Konservatorien für den Musikfreund und für den Gärtner herrliche Gartenanlagen. In den jenseitigen Welten ist jede nur mögliche Gelegenheit für die Fortbildung, die Bedürfnisse und Interessen der Kinder Gottes geboten. Für das geistige Leben gibt es keine Grenzen, und eine Ebene reiht sich an die nächste, bis in die Unendlichkeit.

Denkt nicht an Leben und Tod als getrennte Daseinsformen. Denkt nicht an »hier« und »dort«, sondern bemüht euch um das Verständnis für das ewigwährende Leben. Wir meinen hiermit: Versucht das Leben als »das ewige Jetzt« zu begreifen. Wenn euer Kamerad das irdische Gewand ablegt, dann tritt er in ein Leben ein, das ein innerer, ein seelischer und geistiger Zustand ist. Dort verliert man das Gefühl der niederdrückenden Bürde, der Schwere und der Müdigkeit des sterblichen Leibes. Auf Erden müssen viele hart arbeiten, nur um das Notwendigste des täglichen Lebens zu verdienen. Der wirtschaftliche Druck erlaubt ihnen nicht, ihr Bestes zu geben. Das ist eines eurer Übel. Wenn ihr in die geistige Welt hinübergeht, seid ihr von diesem Druck erlöst und befreit und könnt eine Arbeit verrichten, die euch Freude macht. Versucht euch vorzustellen, was es heißt, von allen Einschränkungen, allen Ängsten frei zu sein und aus lauter Freude an der Arbeit arbeiten zu dürfen. Man hat alle Zeit zur Verfügung. Niemand ist unter Zeitdruck. Die Arbeit ist eine Form von seelischer Selbstverwirklichung. Man arbeitet, weil man liebt, was man tut. Man hat Ruhe gefunden. Man hat Frieden gefunden. Man hat Liebe gefunden.

DER KERN DES LEBENS IST GEIST

Vielleicht überkommt euch mit dem Schwinden der Jugend eine gewisse Traurigkeit, doch das Altwerden, wie ihr es kennt, entbehrt der Realität. Ihr solltet eure diesbezüglichen Ansichten revidieren und nicht das Gefühl haben, dass die Jahre eure Sorgen vermehren, graue Haare bringen und Krankheit und Schwäche nach sich ziehen, denn das wäre falsch. Legt Furcht und Mutlosigkeit resolut ab. Taucht tief in euer eigenes Wesen und findet dort eine Kraft, die nicht von dieser Erde ist und nicht aus eurem Körper stammt, eine Kraft, die weder Alter noch Krankheit kennt, noch Sorgen oder Ängste, sondern nur ewige Hoffnung. Ermutigt Wachstum und Ausdrucksfähigkeit des geistigen Lebens in euch.

Der Sinn eures Daseins ist Wachstum und Entfaltung – euer Lebenskern ist Geist. Der Geist in euch ist es, der euch sagt – wenn ihr ihm nur zuhören wolltet – dass euch, so sicher wie die Sonne aufgeht, ein ewiges Leben beschieden ist. Ihr braucht hierzu keine Beweise von uns. Wenn ihr euch selber treu wäret, müsstet ihr eine Stimme in euch hören, die sagt: »*Ich lebe, ich bin ewig, es gibt keinen Tod.*«

Ändere dein Leben jetzt, damit sich der Geist im Innern

über alle Zweifel und Ängste erheben kann. Viele Menschen haben durch ein Medium so genannte Beweise von einer Weiterexistenz des Lebens nach dem Tode erhalten. Das aber genügt nicht. Es genügt nicht, wenn eine zurückgekehrte Seele dir sagt, dass das Leben nach dem Tode weitergehe. Diese Wahrheit muss selbst *erfahren* werden. Die Wahrheit wohnt im Innern. Sie gelangt nicht durch äußere Geschehnisse in dich hinein. Wenn der Geist in deinem Herzen erstarkt, dann wird er dich von Sekunde zu Sekunde, von Stunde zu Stunde und von Tag zu Tag daran erinnern, dass das Leben sich stets entfaltet, erweitert und immer reicher wird.

Ihr werdet entgegnen: »Das haben wir schon oft gehört, doch des Menschen Verstand will Beweise.« Ja, des Menschen Verstand wird die Beweise, die er verlangt, bekommen, wenn das wahre Selbst, der Geist in seinem Inneren, sich durchgesetzt hat, denn der Geist ist stärker als der Verstand. Dann werdet ihr, vom Kerker des materiellen oder niederen Verstandes befreit, durch die täglichen Erfahrungen zum vollen Bewusstsein des wahren Lebens gelangen. Der Geist altert nicht. Er kennt weder graue Haare noch Müdigkeit. Der Geist lebt ewig.

Von gewissen Menschen strahlt etwas Undefinierbares, eine Schönheit, eine Wahrheit, eine Aufrichtigkeit und Ernsthaftigkeit aus. Sie sind eigentlich zeitlos. In ihnen sieht man das Licht und den Geist, die so stark geworden sind, dass sie die Unzulänglichkeiten des Alters aufheben. Wenn solche Seelen vom Diesseits ins Jenseits hinübergehen, erfahren sie, dass das Leben harmonisch und glücklich wird. Wohl erwartet sie Arbeit, doch die Zeit drängt sie nicht mehr. In der geistigen Welt gibt es keine Zeit!

Wir trennen die Erdensphäre nicht von den benachbarten geistigen Sphären, wir sehen vielmehr einen engen Zusammenhang zwischen ihnen. Im geistigen Leben wird jeder Seele neue Gelegenheit geboten, und jede Seele muss ihren eigenen Weg in den Himmel finden. Keine wird gezwungen oder genötigt. Sie wächst ähnlich wie eine Blume in einem Prozess allmählicher Entfaltung.

PERSÖNLICHE UND GÖTTLICHE LIEBE

Die Liebe ist das Fundament für jedes geistige Wachsen. Wir alle möchten lieben und geliebt werden. Das ist nur natürlich und gestaltet das Leben freudig und angenehm. Viele von uns allerdings begreifen die Liebe nur dann, wenn sie durch einen Menschen zum Ausdruck kommt. Das ist auch ganz in Ordnung. Hat nicht der große Meister gesagt: »Wie kannst du Gott lieben, den du nicht sehen kannst, wenn du nicht einmal deinen Bruder liebst, den du doch siehst?« Manchmal wird das Gefühl, das man Liebe nennt, fast ausschließlich einer einzigen Person zugewendet. Ist das gut? Ja, insofern als in der Persönlichkeit des geliebten Menschen das göttliche Licht, das durch sie hindurchscheint wie durch ein Fenster, als wahre Liebe erkannt wird.

Um die Wurzeln der Liebe zu finden, muss man jenseits der Persönlichkeit suchen, nach dem universellen Wert des Lebens. Rühren wir an den Urgrund der wahren Liebe, dann erkennen wir, dass es keine Trennung zwischen individuellen Seelen gibt, denn alle Kinder Gottes sind EINS, wenn sie wahrhaft lieben. Das ist schwer zu verstehen, denn ihr werdet einwenden, im Leben der Menschen müsse die Liebe auf Einzelne konzentriert werden, und die größte Liebe habe dem Ehegefährten, den Kindern und Freunden zu gelten, also denen, die euch am teuersten sind, und eine solche Liebe unterscheide sich wesentlich von derjenigen, die ihr für andere fühlt.

Im täglichen Leben, unter normalen Bedingungen, fühlt ihr euch bei euren Lieben am meisten geborgen, ihr fühlt euch bei ihnen zu Hause und in Harmonie, weil sie euch umhegen und für euch sorgen. Jede Trennung schmerzt. Doch wenn sich eure Liebesfähigkeit einmal über die irdische Liebe hinaus zu *geistiger* Kameradschaft und Seelenverwandtschaft erweitert hat, dann berührt ihr die ganze Skala der Liebe, dann werdet ihr in der ganzen Menschheit jene Liebe finden, die ihr bisher nur im engsten Kreis erkannt und gefunden habt.

In jeder individuellen Seele wirkt das göttliche Leben, jenes Leben, das euch allen gemeinsam ist. Dieses göttliche Leben, dieser Gottesfunke ist es, der euch befähigt, die Empfindung der Liebe zu spüren. Um den Sinn der Liebe zu verstehen, müssen wir versuchen, diese göttliche Liebe in allen unseren Mitmenschen zu finden und nicht den Fehler begehen, unsere Liebe auf irgendein Einzelwesen zu beschränken. Das erscheint paradox, denn nur durch die Liebe zu einem Einzelwesen kommt ihr in Kontakt mit der göttlichen Liebe – anders nicht. Bis ihr diese Lektion erlernt habt, könnt ihr nicht wissen, was *wahre* Liebe ist. Wir sehen das Licht durch die individuelle Seele scheinen, doch eigentlich lieben wir nicht das Individuum, sondern vielmehr die besondere Qualität der Liebe, die durch den Bruder, die Schwester scheint.

Kein Meister wird je Liebe für seine Person fordern. Hat

nicht Jesus seine Jünger immer wieder auf die wahre Quelle aufmerksam gemacht? »Die Worte, die ich zu euch rede, sind nicht meine Worte. Der Vater in mir ist es, der durch mich wirkt.« Durch den göttlichen Funken im eigenen Herzen erkennen wir den göttlichen Funken, den Christus, im Herzen des Mitmenschen.

UNSERE EINSTELLUNG ZUM LEBEN

Was können wir tun, um die Welt zu einem besseren Wohnort zu machen? Wenn ihr euch doch nur entschließen könntet, mit ganzem Herzen, mit ganzer Seele und vollem Verstand eure Einstellung zu den Mitmenschen, sowohl individuell als auch kollektiv, freundlich und gütig zu gestalten – mehr verlangen wir nicht von euch, nur freundlich und gütig zu sein – dann wäret ihr über den Frieden in eurem Inneren erstaunt.

Das tönt so einfach – freundlich und gütig! Doch nehmt es euch zu Herzen. Zu Beginn eines neuen Jahres habt ihr die Gewohnheit, gute Vorsätze zu fassen, neu zu beginnen, Resolutionen zu formulieren, doch nur allzu bald schwinden diese dahin, denn ihre Durchführung erscheint zu schwierig. Als denkende Menschen habt ihr den Wunsch, zu dienen und euer Leben nützlich zu gestalten. Wir übersehen keinen von euch, der gewillt ist, gute Arbeit zu leisten. Solltet ihr heute den Entschluss fassen, ein treuer Diener Gottes zu werden, dann raten wir euch noch einmal zum ersten Schritt – *seid freundlich und gütig zueinander!*

Beobachtet euch im Lichte unseres wohlgemeinten Rates, und ihr werdet euch wundern, wie oft ihr versagt und unwirsch seid. Der Verstand kann arrogant und überheblich sein und nimmt sich das Recht heraus, zu argumentieren und zu sagen: »Dieser Mann oder jene Frau hat Unrecht.« Wenn ihr so denkt, dann blickt in euer Inneres und fragt euch: Wer ist hier im Unrecht? Vielleicht bin ich es!

Wenn dich jemand verletzt oder beleidigt, dann bitten wir dich, deinen Standpunkt zu ändern. Welches auch immer die Umstände sein mögen, wie schlimm das scheinbare Unrecht auch sein mag – es gibt keine Ungerechtigkeit im Leben. Du arbeitest dich lediglich durch dein Karma. Du erntest nur, was du in deiner Vergangenheit gesät hast, oder es wird dir eine Gelegenheit geboten, eine wertvolle Lektion zu erlernen. Wenn du mit dankbarem Herzen an die erhaltene Beleidigung denken kannst, wenn du dankbar bist für die erlernte Lektion, dann hast du einen großen Schritt auf deinem Lebenspfad getan. Wie schwierig du es auch finden magst, diese Worte zu akzeptieren, die Umstände in deinem zukünftigen Leben werden dich lehren zu sagen: »Mein Gott und mein Bruder – ich danke euch!«

Genau aus diesem Grund möchten wir euch auffordern, eure Einstellung zum Leben und zum Mitmenschen zu ändern und einfach freundlich und gütig in euren Gedanken, Worten und Taten zu sein. So ihr keine aufbauende Kritik formulieren könnt, kritisiert überhaupt nicht. So lehrte es der Meister. Die Zeit verändert nicht die ewigen Wahrheiten, denn so lehrte es jede große Seele, jeder Meister und jeder ältere Bruder, der Freiheit von seinen Bindungen erreicht und Meisterschaft erlangt hat.

Mein Freund, wir bringen dir Hoffnung. Du brauchst im Leben nichts zu fürchten – außer die Furcht selbst. Banne deine Furcht, deine Ängste und schaue hoffnungsvoll in die Zukunft. Es soll nicht nur ein vages Gefühl der Hoffnung sein, sondern eine Hoffnung, die wie eine Lebenskraft in deinem Herzen pulsiert, eine Hoffnung, die mit Sicherheit annimmt, dass alle Dinge letztlich zum Guten führen, dass Gott die Liebe ist, dass der Tod nicht trennt, und dass des Menschen Fortschritt nicht verhindert werden kann. Wenn ein geliebter Freund oder ein geliebtes Kind durch den Schleier des Todes hindurchgeht, dann fürchte die Trennung nicht, denn du kannst jederzeit zu ihm oder zu ihr gelangen, und er oder sie wird dich führen und durch dein irdisches Leben begleiten. Nur des Menschen materielle Weltanschauung kann liebende Seelen trennen; der Tod kann es nicht.

So beten wir, dass in allen Menschenkindern die Flamme der Hoffnung entzündet werde, dass sie vorwärts schreiten mit dem Wunsch, im Geiste zu wachsen, um sich der ewigen Wahrheit mehr und mehr bewusst zu werden. Dann werden sie weder Krankheit noch Armut erfahren müssen, denn so sie mit Gott und mit der Liebe in ein harmonisches Verhältnis gelangen, wird jede Sehnsucht des Herzens gestillt und alle Bedürfnisse des Lebens erfüllt werden.

VII

DER VERSTAND IM HERZEN UND DIE ERINNERUNG AN FRÜHERE LEBEN

Der Ort der Stille in deinem Herzen ist die Quelle aller Wahrheit. Der Meister belehrte dich durch den »Verstand in deinem Herzen« und nicht durch den Intellekt. Das wirst du besser verstehen, wenn du die Worte Jesu überdenkst: »Wer nicht wird wie ein kleines Kind, kann nicht in das Himmelreich gelangen.« Wie ein kleines Kind zu werden heißt, sein Bewusstsein vom Kopf-Zentrum ins Herz-Zentrum zu verlegen.

Normalerweise denkst du mit dem Verstand. Beim Lesen dieser Zeilen interpretiert dein Verstand den Sinn unserer Worte. Doch viele Menschen begehen den Fehler, den Intellekt als die einzig verlässliche Richtschnur für die Wahrheit zu halten. Natürlich kann in der geistigen Höherentwicklung des Menschen der Kopf eine wichtige Rolle spielen. Doch vergiss nicht, dass es einen »Herzensverstand« gibt. Das menschliche Herz ist ein wundervolles Organ, das viel mehr Geheimnisse birgt, als die medizinische Wissenschaft bisher entdeckt hat. Es besitzt ein ätherisches Gegenstück, das beim Wachstum, Leben und Sterben des Körpers eine wichtige Rolle spielt. Es hat auch ein geistiges Gegenstück, welches wir das Herz-Zentrum oder das Herz-Chakra nennen. In diesem Herz-Chakra ruht das Juwel – das Christuslicht.

Der Mensch hat durch den Materialismus des Westens sehr viel verloren. Durch die einseitige Entwicklung seines Mentalkörpers hat er seine Seele eingebüßt. Durch seine viel zu starke Verstandestätigkeit vernachlässigt er seinen Herzensverstand. Wenn Not, Schmerz und Leid sein Leben überschatten, ist der mächtige und gierige Intellekt nicht in der Lage, den seelischen Schmerz zu lindern oder den Traurigen und Vereinsamten zu trösten. Nur eines kann dem Menschen in seiner Stunde der Not helfen: Es ist das göttliche Licht, das in sein Herz scheint und eine Wahrheit bringt, die seine Augen öffnet und das Ziel seiner Reise erkennen lässt. Es bringt ihm Hoffnung, ja sogar Freude. Der Same in seinem Herzen keimt – das »Juwel in der Lotosblüte« leuchtet heller. Deshalb betonen wir immer wieder, wie äußerst wichtig das Meditieren ist, wenn man das wahre Licht entfalten will. Bücher können hilfreich sein, so auch das Studium vergleichender Religionswissenschaften. Verstandesakrobatik kann anregend sein – doch alle diese Dinge vermitteln dir nicht das, was dir das *Licht* im Herzen bringen kann. Wir sind mit euch einig, dass die Entwicklung des Intellekts – wenn er durch das innere Licht inspiriert und geführt wird – zu erhöhtem Begriffsvermögen und erweiterter Intelligenz führt, doch möchten wir wiederholen, dass es für die Seele äußerst wichtig ist, den Verstand-im-Herzen zu entfalten, das innere Licht, denn dieses ist das wahre göttliche Licht – das Kind Gottes. So ist das Wort zu verstehen, »sich von einem kleinen Kind führen zu lassen« ... von Christus, ... dem heiligen Kind, welches im Herzen wohnt.

Überlasse nicht dem Kopfdenken die Herrschaft, sondern trachte danach, mit den ewigen Werten jenseits des Materiellen in Einklang zu kommen. Meditiere oft über

Gottes herrliches Universum, so dass das Herzdenken aktiv wird. Fülle deinen Kopf nicht mit seichtem Plunder, sondern lasse ihn nützlich tätig sein und lasse gleichzeitig dein Herz über schöne, freudige und hilfreiche Dinge meditieren. Frage dein Herz:

»Wie kann ich meinem Menschenbruder am besten dienen?« Und es gibt dir zur Antwort: »Indem du ihn zu verstehen suchst.« Der Mensch muss sich als ein Teil des großen Universums Gottes begreifen. Sein Herz-Zentrum soll erwachen, um Liebe auszustrahlen und wie ein großes Feuer in der Seele zu brennen. Er muss lernen, nicht für sich und für seinen eigenen Ruhm zu leben, sondern den Mitmenschen zu dienen, die Kranken zu heilen, die Sorgenbeladenen zu trösten und die Hungrigen zu speisen. Die Religion des Menschen sollte ihren Ausdruck im praktischen Dienen auf Erden finden.

Jeder Mensch ist ein Universum für sich, und der Mittelpunkt oder die Sonne dieses Universums ist das Herz und nicht der Kopf. Wie die Sonne im Zentrum des Sonnensystems steht, so ist dein Herz der Mittelpunkt deines Universums. Das geistige Gegenstück der sichtbaren Sonne ist das Christuslicht; und wenn es im Herzen erwacht, beginnt das Herz-Denken. Die sichtbare Sonne herrscht über den sichtbaren Himmel, und der Christus, der durch das Herz wirkt, herrscht über das Schicksal eines jeden Menschen und über das Schicksal der ganzen Menschheit. So wie der Großmeister in einer Loge regiert, so soll auch der Meister im Herzen die Loge oder den Tempel des Menschen regieren. Ist jedoch der Meister nicht stark genug, um über seine Loge zu wachen, und sollten Gegner fähig sein, den Meister zu überwältigen, so sind Chaos, Krankheit, Unglück und Dunkelheit die Folge. Das Licht schwindet, und mit ihm vergehen Freude, Glück, Weisheit und Schönheit.

Der Meister, die innere Sonne, soll die Loge des Herzens regieren und zugleich auch die Glieder und Organe überwachen. Vollkommene Harmonie, vollkommene Gesundheit sind das Resultat. Ist das Herz kalt und tot, dann hat der Mensch keine Lebensfreude, keine menschliche Wärme, keine Ausstrahlung. Wie ein Mensch denkt, so wird er.

DAS RAD DER WIEDERGEBURT

Im Herz-Zentrum des Menschen liegt das »Samenatom«, welches aufgrund vergangener Leben dort eingebettet ist. Dieses »Samenatom« enthält Erinnerungen an frühere Inkarnationen, an vormals begangene Fehler, an ehemalige Siege, ja sogar an charakteristische Eigentümlichkeiten, die in die betreffende Seele eingewebt wurden. Der Mensch, der sich des Lichtes oder des Christus-im-Herzen voll bewusst wird, kann Erinnerungen an jene vergangenen Leben zurückrufen. Solche Erinnerungen quellen aus dem Herzen hervor und werden dann von den Zellen des Gehirns registriert. Mit Bezug auf das Gesetz der Reinkarnation herrscht nicht geringe Verwirrung. Viele Menschen stoßen sich an dem Gedanken, erneut in einem physischen Körper inkarnieren zu müssen. Sie wollen nicht verstehen, warum sie zu einer Rückkehr gedrängt werden, nachdem sie durch das physische Leben gewandert und in das Land des Lichtes eingegangen sind. Dieses Gesetz, so meinen sie, scheine unlogisch, entbehre jeder Grundlage und passe nicht in ihr Weltbild von einem allweisen und allgütigen Gott.

Sie denken vielleicht an den Tod eines geliebten Freundes, an seine Botschaften und Beschreibungen himmlischer Sphären (durch ein Medium), und sie fragen sich, warum er, einmal befreit, in die Sorgen des Erdenlebens zurückkehren müsse. Sie sehen darin keinen Sinn. Nachdem die Seele so viel vom himmlischen Licht aufgenommen hat, scheint es unbegreiflich, dass sie erneut in niedrigen und vielleicht unangenehmen Umweltbedingungen auf Erden wiedergeboren werden soll. Das, so meinen sie, wäre eine Missachtung der göttlichen Ordnung von Liebe und Fortschritt.

Die Reinkarnationslehre ist ein weites Gebiet, und die vorherrschenden Meinungen über die Wiedergeburt ergeben nur ein grobes und unfertiges Bild von dem, was tatsächlich geschieht. Bis ihr das Gesetz der Reinkarnation klar und eindeutig versteht, bleiben die meisten der tieferen Probleme des Lebens im Dunkel, und es dürfte euch schwerfallen, Gerechtigkeit im Leben zu sehen, sogar wenn ihr glaubt, dass Gott gütig, allweise und allliebend ist. Leben ist Wachstum. Sinn und Zweck des Lebens auf Erden ist geistiges Wachstum, und es gibt universelle Probleme, die erst begriffen werden, wenn das Verständnis für den Verlauf der Seelenentwicklung erlangt worden ist. Der Mensch, begrenzt durch seinen irdischen Verstand, hat keine Ahnung vom wahren Zeitbegriff. Ihm kommen seine siebzig Lebensjahre, oder sagen wir ein Jahrhundert, als eine lange Zeitspanne vor, während es doch in Wahrheit nur eine »Blitzsekunde« ist. Er bringt seine jetzige Inkarnation nicht in Zusammenhang mit der

Gesamtheit seines Lebens, und deshalb sieht er nicht, wie wenig in einem kurzen Erdenleben erreicht werden kann.

Betrachten wir einmal die siebzig Jahre eines Menschen von seiner Geburt bis zum Tod. Vergleicht das Leben eines ganz gewöhnlichen Menschen mit dem Leben eines großen Lehrers oder Meisters, in welchem die Göttlichkeit voll zur Auswirkung kommt. Zieht eure Schlussfolgerung aus diesem Vergleich und schaut dann tief in eure eigene Seele. Wie oft seid ihr euren eigenen Idealen untreu geworden? Ihr denkt, dass ihr ja nur Menschen seid – doch ihr seid auch göttlich – und der Sinn des Lebens ist die vollständige Entfaltung ins göttliche Menschtum oder zum Christus-Menschen. In der Tat – alle Kinder Gottes sollen sich zu ihrer höchsten Vollendung im Christuslicht entwickeln – das ist Zweck und Sinn der Schöpfung.

Manchmal fallen die Worte: »Oh, dieser oder jener ist eine *alte* Seele.« Wie aber wurde diese Seele weise, stark und strahlend? Sie wurde so durch die Disziplin, die das Erdenleben erfordert. Selbstdisziplin führt zum geistigen Wachstum, und die beste Disziplinierung, die Gott uns zugewiesen hat, liegt in der täglichen Arbeit, in der gemeinsamen Aufgabe.

Trotzdem wehrt sich eure Seele dagegen. Ihr fragt:

»Hätten wir auf der astralen Ebene nicht *größere* und bessere Möglichkeiten, um uns zu entwickeln?« Sicher, bis zu einem gewissen Grad. Doch seid euch bewusst, dass die Begrenzung von Zeit und Raum und die Beschränkungen des Erdenlebens auf der nächsten Daseinsebene wegfallen, so dass eine Disziplin wie auf Erden dort nicht möglich ist. Der Zweck der Wiederverkörperung ist es, sich in Disziplin zu üben. Seine Sorgen mutig zu tragen, seinen Erfolg demütig entgegenzunehmen, sein Glück mit anderen zu teilen, all dies ist geeignet, das Leben zu disziplinieren.

Die wahre Heimat der Seele sind die himmlischen Ebenen – Sphären der Schönheit und des Glücks. Junge Seelen mit wenig Erdenerfahrung sind wie ungeborene Kinder, die noch im Mutterschoß ruhen. Sie müssen noch lernen, ihre Gliedmaßen zu gebrauchen, zu strampeln, zu laufen und tätig zu sein. Doch gleichzeitig dürfen wir nicht vergessen, dass diese Kinder potenzielle Götter – angehende Meister – sind. Gott schuf die physischen Existenzebenen, damit das Kind dort lerne, seine Fähigkeiten zu entwickeln. Wir können uns für des Menschen Erdenleben kein besseres Symbol denken als ein Samenkorn, das in die Finsternis der Erde gesenkt wird, um zu einer wundervollen Blume heranzuwachsen. Der Archetyp einer Blume ist ursprünglich ein Gedanke Gottes, dann wird der Same in die Erde gelegt, um zu keimen und zur Vollendung heranzuwachsen. So ist es mit dir, der du wie ein Same bist – eingepflanzt in materielle Form, um zum Licht empor zu wachsen, bis du zum vollkommenen Sohn, zur vollkommenen Tochter Gottes geworden bist – zum vollkommenen Ebenbild, wie es sich Gott zu Anbeginn der Zeit vorgestellt hat.

DAS HÖHERE SELBST

Des Menschen Seele ist nicht nur das, was man als die heute lebende Persönlichkeit kennt. Sie ist zugleich etwas viel Umfassenderes, welches in der Himmelswelt weilt und die Summe aller Erfahrungen aus sämtlichen früheren Leben enthält. Die heutige Persönlichkeit ist lediglich ein kleiner Teil des höheren Selbst, welches auf einer höheren Bewusstseinsebene wohnt, doch kann diese Persönlichkeit einen stärkeren oder schwächeren Kontakt mit ihrem höheren Selbst haben und sich, so sie will, von ihm inspirieren lassen.

In den alten Mysterienschulen wurde dies den Schülern durch Bildsymbole veranschaulicht. Die Seele dachte man sich als Tempel in den Himmeln und jede einzelne Inkarnation als unbehauenen Stein, den *Ashlar*, der durch die Erfahrungen des Erdenlebens behauen und geformt wird, so dass er in den noch unfertigen Tempel eingefügt werden kann. Beim Bau des Tempels darf nicht gepfuscht werden. Genauigkeit und Präzision sind wichtig. Ein schlecht behauener Stein könnte das Ebenmaß des ganzen Gebäudes beeinträchtigen.

Der Mensch muss an sich selber, an jenem unbehauenen Stein arbeiten, den die Alten den *Ashlar* nannten. Er muss Hammer, Meißel und Winkelmaß gebrauchen, um aus dem rohen Stein, seiner niederen Natur, einen vollkommenen, ebenmäßigen Quader zu gestalten, der in den Tempel eingepasst werden kann. Wenn der Mensch einmal begreift, dass er während seines Lebens an sich arbeiten muss und kein Tag vergeht, ohne dass sich in seiner Wesensart eine, wenn auch noch so geringe, Spur eingräbt, dann wird er lernen, seine Gemütsbewegungen und sein Denken unter Kontrolle zu halten und diese zu meistern.

So besitzt denn der Mensch eine Seele in der himmlischen Welt, die den Geist Gottes, ja die wahre Essenz des Höchsten enthält und den Verlauf seines Lebens steuert.

Deshalb sagen wir: »Gott lenkt die Schritte auf dem Pfad des Lebens.« Dieses Streben, das den Menschen zum Höchsten drängt – manchmal gegen seinen Eigenwillen, gegen den Willen des niederen Selbst –, ist seine innewohnende Göttlichkeit. Dieser göttliche Funke ist es, der das Leben der Seele lenkt und durch viele Erdenerfahrungen führt. Jedes Mal steigt ein Teil der Seele in die Inkarnation hinab und sammelt dort gewisse Erfahrungen, die für das Wachstum und die Entfaltung des höheren Selbst notwendig sind. Somit leistet ihr je nach Anstrengung und Entwicklung einen kleineren oder größeren Beitrag für das Wachstum und die Entfaltung des höheren Selbst. Durch euer Streben in aufeinanderfolgenden Leben erbaut ihr jenen schönen Seelentempel.

Wir möchten eure Vorstellung von der Wiedergeburt erweitern, damit ihr frei werdet von der Idee, der Mensch pendele ständig zwischen zwei Welten hin und her. Macht euch vertraut mit dem Gedanken eines steten Wachsens und einer ständigen Erweiterung des Gottesbewusstseins eures höheren Selbst. Manchmal, wenn ihr in Not und Verzweiflung seid, geschieht es, dass ihr einen Strahl von Kraft und Licht aus diesem höheren Selbst erhaltet und etwas vollenden oder erdulden könnt, das ihr zuvor für unmöglich hieltet. Oder ihr kennt vielleicht jemanden, der einen ähnlichen Strahl erhalten hat, durch welchen der Feigling zum Helden, der Selbstsüchtige zum Selbstlosen umgewandelt worden ist. Ihr habt ja keine Ahnung von den Möglichkeiten des Menschen, wenn er einmal den Kontakt mit seinem höheren Selbst oder wahren Sein herstellen und aufrechterhalten kann.

Begeht nie den Fehler, liebe Freunde, irgendwen zu richten oder über ihn zu urteilen. Schaut nie auf eine Seele mit dem Gedanken – arme Seele, du bist eben noch unentwickelt – denn ihr wisst nicht, wie falsch euer Urteil sein könnte. Es mag sein, dass der Mensch, der so niedrig erscheint, in Wirklichkeit in den Himmelswelten eine Seele von großer Reinheit und Schönheit sein eigen nennt. Ihr könnt ihn nicht beurteilen.

WARUM KÖNNEN WIR UNS NICHT ERINNERN?

Ihr mögt fragen, welche Beweise wir für die Wiedergeburtslehre anbieten können. Hierauf müssen wir antworten, dass geistige Dinge nur auf geistigen Wegen bewiesen werden können. Nur wenige sind es, die greifbare Beweise für die Reinkarnation wie auch für andere geistige Wahrheiten erbringen können. Zwar gibt es eine kleine Anzahl von bewiesenen Fällen, doch wahre Beweise bekommt ihr nur durch eure eigene Intuition – als Ergebnis eurer eigenen Erfahrung.

Der einzige Weg, auf welchem der Mensch Kenntnisse über göttliche Geheimnisse erlangen kann, ist der Weg der Liebe und Selbstlosigkeit. Der Verstand allein, obgleich er seinen Platz in der Menschheitsentwicklung hat, kann die volle Wahrheit nie entschleiern. Dennoch ist es notwendig, den Verstand zu entwickeln, ehe das Verständnis für das Geistige dämmern kann. Durch vieles Lesen versucht der Mensch die Wahrheit zu ergründen, doch der Kern der Wahrheit liegt im Geistigen, und du kannst die Wahrheit nur für dich selber finden, kein anderer kann sie dir geben. In deinem Ringen um ein klares Verstehen der Wiedergeburt musst du dein wahres, inneres Selbst kennen lernen. Wenn du mit diesem voll vertraut bist, benötigst du keine Beweise mehr, der Pfad der Höherentwicklung liegt klar vor dir.

Ihr mögt euch wundern, warum ihr keine Erinnerungen an eure Vergangenheit habt. Doch könnt ihr euch der Zeit entsinnen, da ihr zweijährig, drei- oder vierjährig waret? Wie also könnt ihr hoffen, euch an Inkarnationen zu erinnern, die hunderte, ja tausende von Jahren zurückliegen? Die Erinnerung daran ist nicht in eurem physischen Gehirn gespeichert und kann auch nicht im astralen oder mentalen Körper gefunden werden. Doch wenn ihr in eurem himmlischen Leib tätig werdet, von manchen auch der Kausalkörper genannt, dann erinnert ihr euch, denn ihr rührt dort an euren himmlischen Verstand oder den »Tempel«, das Archiv aller vergangenen Leben.

Wieviel Zeit vergeht zwischen den Inkarnationen? Das können wir nicht sagen, denn es gibt hierfür keine Regeln. Wir können nicht behaupten, der Mensch komme alle 200, 300 oder alle 500 Jahre zurück. Das wäre falsch. Wenn wir sagen würden, der Mensch gehe von einem Körper gleich in den nächsten, dann wäre das genauso falsch. Wenn wir behaupteten, tausende von Jahren lägen zwischen den Inkarnationen, auch das wäre nicht die ganze Wahrheit. Alles hängt vom Einzelwesen ab. Doch es ist für eine Seele durchaus möglich, für eine bestimmte Aufgabe rasch zurückzukehren.

Ihr werdet fragen wollen: »Zu welchem Zeitpunkt zieht die inkarnierende Seele in den Körper ein? Geschieht dies vor oder während der Geburt?« Hierzu möchten wir antworten, dass die Seele allmählich in ihren Körper einzieht und normalerweise erst mit dem 21. Lebensjahr vollständig und gänzlich inkarniert ist, doch ziehen wir es vor, uns nicht an eine genaue Zeit zu binden. Der erste Kontakt einer Seele mit der Mutter wird bereits *vor* der Zeugung hergestellt.

Eine weitere Frage: »Ist es für eine Seele während irgendeiner ihrer Inkarnationen möglich, eine Rückentwicklung zu erleiden?« Hierzu möchten wir die Gegenfrage stellen: »Wenn man auf seinem Weg an etwas Schönem achtlos vorbeigegangen ist, ist es dann nicht ratsam, ein paar Schritte zurückzugehen, um es genauer anzuschauen?« Würdet ihr das als Rückschritt betrachten? Seid euch immer bewusst, wie unmöglich es für eine Seele ist, eine andere Seele zu beurteilen. Jemanden zu richten heißt, sich selber zu richten.

Ihr könntet auch fragen: »Inkarnieren wir immer in dieselbe Familie? Und wenn ja, haben wir dann stets die gleichen Eltern und dieselben Kinder?« Nein, doch Mitglieder derselben Familie zeigen die Neigung, wieder zusammenzukommen, weil die Bindungen zu Bruder oder Schwester, Vater oder Sohn, Mann oder Frau manchmal tatsächlich sehr stark sind. Ihr werdet durch karmische Bande sowohl zur Familie als auch zum Freundeskreis hingezogen und wandert deshalb den Pfad der Höherentwicklung in Familien und Gruppen. Je nach eurem Karma findet ihr Liebe und Glück oder aber Feindschaft und Zwist, und es ist eure Aufgabe, Feindschaft und Zwist in Liebe umzuwandeln.

In seiner Inkarnation beeinflusst der Mensch unweigerlich und gesetzmäßig jenen Teil der Welt, in dem er lebt. Er wird dorthin inkarniert, wo er am besten lernen und dienen kann. Er gibt dem Leben und erhält vom Leben.

Wir wollen den Widerstrebenden die Lehre der Wiedergeburt nicht aufzwingen. Trotzdem ist die Wiedergeburt, wie auch Leben und Tod, ein Gesetz, und ob daran geglaubt wird oder nicht, ist belanglos. Es ist ein wenig seltsam, dass gewisse Menschen meinen, sie könnten die Gesetze von Reinkarnation, von Ursache und Wirkung und vom Leben nach dem Tod dadurch außer Kraft setzen, indem sie nicht daran glauben.

Wir möchten aber betonen, dass der Mensch seinen freien Willen hat. Niemals wird er gezwungen, niemals genötigt oder gedrängt, und er wird auch nicht ohne seine Zustimmung, mir nichts dir nichts, vom Himmel entfernt und auf die Erde zurückgeworfen. Solange eine Seele erklärt: »Ich will nicht zur Erde zurück!«, lautet die Antwort: »Nun, mein Kind, dann bleibe noch ein Weilchen. Es eilt nicht.« Gott drängt niemanden. Alles ist eine Angelegenheit der individuellen Entwicklung. Habt ihr einmal Verständnis und Einsicht erlangt, dann ist es euer einziger Wunsch, zur Arbeit zurückzukehren. Die einzige verbleibende Frage ist: »Wann kann ich gehen?«

Wir haben bereits angedeutet, dass ihr geneigt seid zu glauben, man könne auf der Astralebene ebenso gut seine Lektionen erlernen und seine Erlösung erreichen wie auf der Erde, denn man würde ja auf der Astralebene die gleichen Bedingungen vorfinden wie auf Erden. Doch die feinstoffliche Materie der Astralebene ist sehr verschieden von der Materie der Erdensphäre. Man kann sie durch Gedankenkraft beeinflussen und formen. In der dunklen, dichten Erdmaterie wird die Seele mit schwierigen Aufgaben konfrontiert, die sie lösen muss, und die sie *nur dort* lösen kann. Zweck der Schöpfung ist die geistige Höherentwicklung. Die Seele muss lernen, die dichte Materie zu meistern, denn in sich birgt sie göttliche Fähigkeiten. Gott wirkt in der Materie durch seine gesamte Schöpfung. Der göttliche Funke im Innern wächst und entfaltet sich, bis er sein Werk vollendet hat. Das bedeutet vollständige Meisterschaft der Seele über sich und ihre Umweltbedingungen. Der Gedanke, vom Körper befreit zu sein, um seine Entwicklung nach dem Tode in einer Welt mit leichteren und angenehmeren Umweltbedingungen durchzustehen, ist viel attraktiver. Doch die Dinge liegen anders.

Wir wollen auch nicht versäumen hervorzuheben, dass die Freude jener Seele, die Meisterschaft über die Materie und somit über sich selbst erlangt hat, unvergleichlich groß ist. Könnten wir euch nur ein klein wenig von jener intensiven Freude vermitteln, die ein erfülltes Leben auf der Erde mit sich bringt, dann würdet ihr verstehen und euch mit jeder Seele freuen, die eine Gelegenheit erhält, in die Materie zurückzukehren, um neue Erfahrungen zu sammeln, um neue Abenteuer zu bestehen.

Viele von euch sind zur Erde zurückgekehrt, weil ihr den Menschen helfen wollt, nicht notwendigerweise um in die Kirche zu gehen und gute Werke zu tun, sondern ganz einfach, weil eure Gegenwart Freude und Trost im Leben jener bedeuten kann, die um euch sind. Vielleicht bringt ihr Freude in die Familie, in die ihr geboren seid – Freude jenen, die später eure Kinder werden, und vielleicht auch Freude und Segen euren Freunden.

Du kannst am besten dienen, nicht indem du deine Energie und Kraft zersplitterst, sondern dadurch, dass du ein wahrer Sohn, eine wahre Tochter Gottes bist und Wärme und Licht verbreitest, um jeder Blume zu helfen, in jener Ecke des Gartens zu gedeihen und zu blühen, wo ER sie eingepflanzt hat.

VIII

KARMA

Erleuchtete Wahrheitssucher aller Jahrtausende haben Karma als eines der göttlichen Gesetze erkannt, welche das Leben der Menschen auf der Erde bestimmen. Alles Leben wird durch Gesetze geregelt. Haben wir einmal grundsätzlich erkannt, dass diese göttlichen Gesetze unausweichlich sind, fällt es uns leichter, die Schwierigkeiten, denen wir ins Auge sehen müssen, anzunehmen. Die Ansicht hingegen, nach welcher Karma eine Art Strafe sein soll, die dem Menschen für seine Missetaten auferlegt wird, teilen wir nicht.

Dem Menschen wird gesagt, Gott sei die Liebe. Dennoch muss der Mensch zusehen, wie jene leiden, die er liebt, und muss selber leiden. Empörung und Verbitterung übermannen ihn, wenn er seinen Freund in Schmerzen sieht und er nichts tun kann, um ihm zu helfen. Oder wenn er sein Liebstes durch den Tod verliert, ausgerechnet dann, wenn das Leben so viel zu versprechen scheint. Natürlich stellt er die Liebe Gottes dann in Frage. Wirft der mitfühlende Mensch einen Blick über die von Leid und Krieg zerrissene Welt, dann fragt er sich verzweifelt: »Wo ist Gott? Warum erlaubt Er so viel Streit und Leid?«

Liebe Freunde, lasst uns anhalten und nachdenken. In jedem Augenblick des Lebens zeigt Gott dem Menschen Schönheit und Liebe. Da ist keiner von euch, der nicht gelegentlich ein Gefühl von unbeschreiblicher Freude und

Dankbarkeit erfahren hätte. Es mag sein, dass ein solches Hochgefühl aus der Tiefe eurer Seele während einer beglückenden Ferienzeit auftaucht oder nachdem eine Wolke von Sorge und Mühe vorüber gezogen ist. Mag sein, dass es auf eine Versöhnung folgt oder vielleicht, wenn ihr eurem Lebenskameraden begegnet. Hier lasst uns einflechten, dass eine solche Liebe die göttliche Antwort ist auf euer inneres Sehnen nach einem Ideal, einem Kameraden, nach Schönheit und nach Gott. Es ist die Suche nach Gott, die den Menschen antreibt, seinen Lebensgefährten zu finden. Hinter aller Natur steht die Suche nach Gott. Auf diese Art spricht Gott in des Menschen Herzen. Doch der Mensch, der die Stimme nicht als die Stimme Gottes erkennt, erklärt es mit naturbedingtem Geschehen. Trotzdem ist alle Schönheit, jedes Gefühl von Freude und Glück in Tat und Wahrheit ein Ausdruck Gottes durch die menschlichen Sinne. Wir alle kennen die Freude, die im Zusammensein mit einem mit uns harmonierenden Menschen zu finden ist. Diese Freude stammt von etwas, das jenseits menschlichen Verstehens liegt und sowohl über den Partner als auch durch unser eigenes Herz zum Ausdruck kommt.

Mit dem Verstand allein kann der Mensch Gott nie erfassen. Doch wenn er auf dem Pfad der Erfahrung an einem bestimmten Punkt angelangt ist, kann er Gott finden. Gott spricht zum Menschen durch sein Herz, und wenn das geschieht, dann *weiß* er – und er wird die Liebe Gottes nie mehr in Frage stellen. Wer sich einmal als Sohn oder Tochter Gottes erkannt hat, kennt die Liebe des Vaters.

So kommen wir zuguterletzt zu der höchsten Erkenntnis, dass Gott die Liebe ist, und dass alles, was lebt auf Erden, aus Gottes Liebe hervorgeht.

DIE GÖTTLICHE MUTTER

Lasst uns für einen Augenblick innehalten und mit unserer Vorstellungskraft über unser Gottesideal nachdenken. Vorurteile hindern den Menschen heute noch, den Mutteraspekt in der Gottheit anzuerkennen. Die Verehrung der göttlichen Mutterschaft aber existierte seit Anbeginn der Zeit. Jeder Mensch liebte einmal eine Mutter. Eines Mannes Liebe zu seiner Frau, der Mutter seiner Kinder, ist wie eine innere Stimme, die ihn drängt, in der Mutter einen Ausdruck der Göttlichkeit zu sehen.

Wir wünschten, ihr würdet öfter über die göttliche Mutter meditieren und euch vor dem Ideal vollkommener Mutterliebe verneigen. Lasst eure Gedanken zum Mutteraspekt der Gottheit schweifen, zu allem, was mitfühlend, warmherzig, gütig, erhebend und verstehend ist. Die weise Mutter weiß genau, was für ihr Kind gut ist und vernachlässigt ihre Pflicht niemals. Wenn nötig, wird sie korrigierend einschreiten, immer aber in großer Liebe.

Denkt an Maria die Mutter; denkt an Gott als Mutter und meditiert dabei in eurem Herzen. Lasst euch im Bewusstsein erheben und erlaubt uns, euch auf diese Ebene der reinen Liebe zu heben.

Es ist der Liebe-Strahl, der jetzt gerade auf der irdischen Ebene zur Manifestation gebracht wird; dieser Vorgang begann schon zur Zeit des Dienstes Jesu, des Meisters. Es bedarf langer Zeit, bis die unsichtbaren Kräfte durch einen einzelnen Menschen zur Manifestation gelangen. Es wird eine lange Phase auf der Erde geben, in deren Verlauf jener Liebe-Strahl immer intensiver wird. Wenn er seinen Höhepunkt erreicht, wird die große Macht der Liebe manifestiert sein; die Macht der Weisheit und der Liebe befinden sich dann im Gleichgewicht. Damit wird die vollkommene Manifestation von Gott-Mutter und Gott-Vater vollzogen.

Das Herz-Zentrum ist das wichtigste Zentrum, von dem aus ihr zur Zeit arbeiten könnt, weil es jetzt in den Vordergrund tritt und in Harmonie gelangt mit den Kräften, die gegenwärtig auf die Menschheit einwirken.

Was hat all das mit der Wirkungsweise des karmischen Gesetzes zu tun? Alles – meine Freunde – denn es enthält den Kernpunkt der Wahrheit. Wir möchten euch Karma oder das Gesetz von Ursache und Wirkung als ein Gesetz erläutern, das aus göttlicher *Liebe* erschaffen wurde – nicht um den Menschen zu strafen, sondern um ihn zu schulen und ihm zur Wahrheit zu verhelfen. Da dem Kind das Wort »Schulung« oder »Lektion« meistens zuwider ist, möchten wir das Gesetz vom Karma verstanden wissen als eine *Gelegenheit,* Gott kennen zu lernen. Alle Lebenserfahrungen, die ihr macht, bringen euch letztendlich zu Gott, zur Freude und zum Glück.

So sehen wir nun, Gott ist den Menschen beides, Mutter und Vater, sowohl göttliche Weisheit und Liebe als auch göttliche Macht. Hinter jeder Erscheinungsform sind diese beiden Aspekte wirksam. Daher sollten die Kinder Gottes – Funken göttlicher Liebe, aus dem Herzen Gottes hervorgegangen – lernen, jenes Glück zu verwirklichen, jenes göttliche Glück, welches Er als Samenkorn in jede Seele gelegt hat.

SINN UND ZWECK DES KARMA

Zu Anbeginn war der Mensch wie ein kleines Kind, ein Baby in völliger Unkenntnis göttlicher Gesetze und ohne jede Erfahrung. Ein kleines Kind muss erst alles erlernen, zu sitzen, zu essen, zu stehen, zu laufen und zu spielen. Dann muss der junge Mensch durch Denkprozesse und Erfahrungen viele Tatsachen des Lebens erlernen und verarbeiten und so seine Reife erlangen. Der Geist des Menschen geht durch eine ganz ähnliche Entwicklung. Sie beginnt mit seiner Erschaffung durch VATER-MUTTER-GOTT, findet ihren Fortgang in seinem geistigen Wachstum und endet mit der großen Heimkehr in der Wiedervereinigung oder dem EINS-Werden mit Gott.

Ohne dass die Seele physische, mentale oder geistige Leiden erfährt, kann keine Bewusstseinserweiterung erfolgen, kann kein Wachstum vom Unbewussten zum Selbstbewussten und weiter zum Christus-Bewusstsein stattfinden. Bevor eine Seele selber Leid erfährt, ist sie sich der Leiden der Mitmenschen nicht bewusst und somit auch nicht in der Lage, Not und Schmerz zu lindern und zu heilen. Schmerz verhilft zu Mitgefühl, Verständnis und Erleuchtung. Der Mensch lernt sowohl durch Schmerz und Leid als auch durch Glück und Freude.

Trotz seiner Unwissenheit hat das Kind von Anfang an zwei Aspekte in sich, die die Menschen gut und böse nennen. Im Verlaufe seines Lebens wird es beides, sowohl das Gute wie auch das Böse, ausüben, und auf seinem himmlischen Kontoblatt wird laufend Soll und Haben verbucht.

Wäre diese Wahrheit einmal fest verankert und würden alle Menschen einsehen, dass sie ernten, was sie gesät haben, dann würden sie in ihrem Tun innehalten, ehe sie das zerstörten, was zur Harmonie und Schönheit im Leben beiträgt. Keiner von uns würde willentlich seinen Bruder erschlagen.

In der Geschichte von Kain und Abel wird dies erläutert, denn als Kain, der Aspekt des Bösen, Abel erschlug und danach vertrieben wurde, rief er aus, dass sein Leid größer sei, als er ertragen könne. Doch bist du dir bewusst, dass du durch jeden Wut- oder Zornausbruch auch zum »Mörder« wirst? Gedankenlos hingeschleuderte, grausame Worte morden irgendetwas Schönes und Gutes. Bedenke dies und du wirst erkennen, wie viel klüger es ist, den Pfad der Selbstdisziplin und der Gottsuche zu gehen, als den zerstörenden Kräften zu gestatten, die Oberhand zu gewinnen. Der Sohn Gottes in deinem Innern baut auf und erschafft dauernd das Gute. Doch wenn Kain in dir dies wiederum zunichte macht, setzt er einen Betrag auf die Soll-Seite des Kontoblattes.

Vergangenes Karma kannst du nicht ändern, doch was in der Zukunft sein wird, liegt in deiner Hand. Deshalb, mein Freund, sei weise und richte dich nach den Gesetzen Gottes. Achte auf deine Gedanken, halte deine Zunge im Zaum und sei freundlich und liebevoll. Letztendlich kommt es nur auf eines an: Sei freundlich, mitfühlend und füge keiner lebenden Kreatur irgendein Leid zu. Wer gelernt hat, wie schmerzhaft Gedankenlosigkeit, Unkenntnis und Halsstarrigkeit eines anderen sein können, wird sich in Zukunft davor hüten. Die Meister der Weisheit würden nie jemandem Schmerz und Leid zufügen. Sie sind ganz Liebe, ganz Mitgefühl. Doch sie anerkennen auch das Gesetz der Gerechtigkeit und wissen, dass jedes Leben zuguterletzt ausgeglichen und im Gleichgewicht sein muss, im Einklang mit dem göttlichen Licht, der Quelle allen Lebens.

Jede Tat verursacht Karma, das bei weitem nicht immer erst in ferner Zukunft ausgeglichen werden muss. Es mag sein, dass die Schuld bereits nach einigen Stunden oder Tagen bezahlt wird. Denke aber nicht, dass du den Tag der Schuldbegleichung auf unbegrenzte Zeit verschieben kannst. Du kennst weder den Tag noch die Stunde der Abrechnung. Das lässt sich ganz einfach veranschaulichen. Wenn du auf einer stark befahrenen Straße gehst und nicht Acht gibst, wohin du trittst, kannst du fallen und verletzt werden.

Dann sagst du vielleicht: »Na schön, ich nehme an, das ist mein Karma.« Ja, es ist dein Karma, doch eines mit sofortiger Wirkung und keines aus vergangener Zeit. Das Karma lehrt uns, in unserer Lebensführung vorsichtig, umsichtig und gottbewusst zu werden. Sinn und Zweck des Karma kann man so definieren: Durch die Erfahrung von Schmerz und Leid gewinnen wir Weisheit.

ENTFALTUNG KOMMT AUF NATÜRLICHE WEISE

Wir möchten euch daran erinnern, euch jederzeit und in jedem Augenblick, wenn ihr das Bedürfnis nach geistiger Erquickung verspürt, auf die Verbindung zu den Geschwistern der Großen Weißen Loge zu besinnen. Sie sind allezeit bereit, ihr braucht sie gewissermaßen nur anzurufen. Wie oft ruft ihr White Eagle an! Auch wenn ihr euch dessen nicht immer bewusst seid, erhaltet ihr doch in jedem Fall eine Antwort von uns. Lebt in diesem Bewusstsein, und bemüht euch, euer Wollen mit dem Gesetz in Übereinstimmung zu bringen – das heisst mit dem geistigen Gesetz von Ursache und Wirkung und dem Gesetz der wiederholten Gelegenheit. Wenn die Dinge in deinem Leben nicht genau so sind, wie du sie dir wünschst, dann sei geduldig und akzeptiere die Lektion, die das Leben dir gesandt hat, um dich zu lehren. Möglicherweise brauchst du kein Karma abzutragen, sondern dir wird eine Gelegenheit geboten, unter Beweis zu stellen, ob du des Dienstes würdig bist, der dir später angeboten wird.

Den Tempel des heiligen Grals stellt man sich auf einem Berggipfel vor, hoch über dem geschäftigen Lärm der Erde. Im Augenblick sind es drei edle Seelen – weise ältere Brüder –, die auf dem Berggipfel beten. Sie beten ständig für die Menschheit, und du kannst sie jederzeit erreichen, wenn du dich bemühst, die Dunkelheit des materiellen Lebens zu überwinden. Geistige Entfaltung geschieht nicht ohne eine lange Vorbereitung – und deine geistige Entfaltung findet statt, auch während du dir dessen nicht gewahr bist. Die materiellen Hindernisse, Härten und Enttäuschungen im Leben sind genau die Dinge, die dein Bewusstsein für die geistigen Wahrheiten öffnen. Du bist die ganze Zeit dabei, das höhere Bewusstsein zu entfalten. Wenn du einmal den Fuß auf den geistigen Pfad gesetzt hast, vollzieht sich eine natürliche, allmähliche Entfaltung der geistigen Fähigkeiten. Diese Entwicklung ist langsam, aber sicher; sie verlangt beharrliches Emporstreben und beständiges Vertrauen. Wann immer Zweifel und Ängste in dein Gemüt vordringen, kommt es vorübergehend zu einem Stillstand oder einer Rückwärtsbewegung. Doch wenn dann das Licht zurückkehrt, gelangst du oft mehr Schritte vorwärts, als du rückwärts gegangen bist.

Dies ist ein rhythmischer Prozess. Alles Leben ist dem Gesetz des Rhythmus unterworfen, und in den psychischen Bereichen gilt ebenfalls, dass das Gesetz des Rhythmus regiert. Nach einer raschen Vorwärtsbewegung ist es nur wahrscheinlich, dass sich etwas ereignet, das dich ein wenig zurückwerfen wird. Dann kommt wieder mehr Licht, du drängst wieder nach vorn und gelangst über die Stelle hinaus, die du zuvor schon erreicht hattest. Wichtig ist allein, unentwegt voranzuschreiten.

DIE UMWANDLUNG DES KARMA DURCH HEILUNG

Ihr mögt nun fragen: »Kann Karma durch Reue umgewandelt werden?« Einen Fehler einzusehen, bedeutet schon viel. Was noch bleibt, ist der Mitmensch, gegen den gesündigt wurde. Der Impuls, das Unrecht wiedergutmachen zu wollen, ist durchaus natürlich. Wenn du jemanden verletzt hast, bist du voller Reue und Mitgefühl, und dann sagst du: »Es tut mir Leid, Bruder, lass mich die Wunde heilen.« Aus einem solchen Mitgefühl strahlt der Friede, die Liebe und das Licht Gottes aus dir. Das bringt Trost und Wärme.

Nun erhebt sich die Frage: Wenn Krankheit und Schmerz auf eine karmische Schuld zurückzuführen sind, ist es dann richtig, durch geistiges Heilen dem Patienten zu helfen, sein Karma zu überwinden? Das Gleichnis vom guten Samariter gibt hierzu die Antwort. Ein guter Samariter tut stets sein Bestes. Er hilft und heilt.

Was für eine Rolle spielt der Patient bei einem solchen

Heilungsvorgang. Ihm ist eine besondere Gelegenheit geboten, und dies verdankt er seinem *guten* Karma - sich über sein leibliches und seelisches Elend zu erheben. Ist er weise, dann ergreift er die Gelegenheit und wird versuchen, die gebotene Lektion zu erlernen. Durch sein Sehnen nach Gott, nach Christus, erhebt er sich über sein Karma hinaus, und sein schlechtes Karma wird abgebaut oder umgewandelt. Jeder Mensch kann auf diese Weise durch seinen Christus-im-Herzen zu Gott gelangen.

Als ihr Kinder waret, sagte man euch wahrscheinlich, der Weg zur Erlösung werde gefunden, wenn man Jesus liebe, und dass Jesus euch erretten könne. Ihr wurdet belehrt, dass Jesus sich hingab, um die Welt zu erlösen, dass Jesus Christus oder der Sohn Gottes auf die Erde gekommen sei, um die Seelen der Menschen zu retten. Wie kann er das tun? Indem er in ihnen die Liebe und die Macht zu lieben erweckt. Es ist die Liebe Christi – Christus in des Menschen Herzen – der die Menschheit erlösen wird. Ein wunderschönes Symbol für diese Liebe ist die Rose.

Schlechtes Karma wird nicht nur durch Mangel an Liebe, sondern auch durch mangelnde Weisheit und durch Unkenntnis angehäuft. Bis eine Seele es selber erfahren hat, kann sie weder wissen noch verstehen, was Liebe ist. Nur durch Erfahrung erwirbt sie Liebe und Weisheit. So ist denn die weiße Rose das Symbol für den reinen und unschuldigen Geist. Die rote Rose hingegen ist das Symbol für die Seele desjenigen, der durch die Tiefen menschlicher Erfahrungen gegangen ist und den Sinn der Liebe erfasst hat.

EINE MEDITATION, DIE GLÜCKLICH MACHT

Wir möchten euch vermitteln, dass Geist – das heißt Energie und Licht – auch in flüssige Substanz transformiert werden kann; somit ist Geist nicht nur ein mentales Etwas, das ihr nicht versteht, sondern besitzt tatsächlich Substanz sowie Schwingung. Geist kann also durch den Körper gelenkt werden. Der Geist ist der Motor, der Lenker, welcher die bewegende Kraft zum Verstand und Herzen schickt. Wenn der Verstand vom Herzen abgetrennt ist, das Denken also nicht von der Liebe erfüllt ist, dann ist der Rhythmus unterbrochen. Du musst beide Teile dazu bringen, in vollkommener Harmonie zu wirken, dann wirst du Seligkeit erreichen, absolutes Glück. Du kannst es nicht durch dein Denken allein erlangen, und bevor du jene Harmonie nicht fühlen kannst, vermagst du das absolute Glück nicht zu finden. Der einzige Weg zum Glücklichsein ist – gottähnlich zu werden.

Du bist ganz in den Händen der göttlichen Liebe. Falls du Liebe aus dir selbst zum Ausdruck bringen kannst, öffnest du den Kelch für jenes vollkommene rhythmische Fließen des göttlichen Lichtes oder Geistes und berührst dabei den innersten Kern von Ursache und Wirkung. Diese großen Ursachen des Seins hängen miteinander zusammen. Wenn du also in Harmonie mit jenem rhythmischen Leben Gottes gelangst, stößt du zum Kern von Ursache und Wirkung vor. An dieser Stelle tritt die Umwandlung von Karma ein; die orthodoxen Christen sprechen von der Erlösung Christi – wobei Christus das Gotteskind (Sohn oder Tochter) in deinem Innern ist. Das Erkennen ihrer Kindschaft zum Vater-Mutter-Gott hebt alle Menschen auf die Christus-Ebene empor.

Bei unseren Meditationsübungen gehen wir vom Atmen aus. Wir entspannen uns zuerst so, dass keine Anspannung oder Enge bleibt, die als Stockung oder Verzögerung wirkt und den rhythmischen Fluss behindert. Dann muss das unbeherrschte, kleinliche, weltliche Denken langsamer werden. Es gleicht dem Sekundenrädchen in einer Uhr, das sich rasend dreht. Gelangt es nicht zur Ruhe, steht es der vollkommenen geistigen Harmonie und Gesundheit im Wege.

Nachdem wir das geschäftige Denken zur Ruhe gebracht haben, entspannen wir den Körper. Wir trachten danach, in Harmonie mit der göttlichen Quelle unseres Wesens zu gelangen. Unsere Atmung verlangsamen wir ein wenig – aber nicht viel, gerade genügend, um in uns jene rhythmische Harmonie von Ein und Aus zu gewährleisten, die Harmonie mit dem Puls der Lebenskraft, die nicht in Eile gerät und immer gleich ist. Wir atmen, wie die Erde atmet: ein ... aus ... Sommer ... Winter. Alles ist in vollendetem Rhythmus, Jahreszeit um Jahreszeit.

„Seid stille und erkennt, dass ich Gott bin." Strebe immer danach, gerade in diesem Augenblick, das Christus-Wesen zu sein. Blicke niemals mit Bedauern zurück. Sei in diesem Augenblick das Christus-Wesen, dann kannst du kein Karma anhäufen. Selbst das, was sich bereits angesammelt hat, wird sehr bald getilgt werden, und diese göttliche Erkenntnis vermag alle Episoden deines Lebens zu bereinigen. Bemühe dich niemals in der Hoffnung auf einen Lohn, sondern arbeite, weil du es liebst. Strebe nicht danach, Gott zu lieben, weil du Angst vor dem hast, was kommen könnte, wenn du es nicht tust. Liebe Gott, weil du nicht anders kannst. Er/Sie ist so schön.

GEREINIGT VON ALLEM KARMA

Niemand ist so unwissend, dass er nicht wüsste, wie unrecht Selbstsucht und Habsucht sind. Dennoch verharrt der Mensch darin und häuft dadurch Leid und Schmerz auf sich. Man muss hingegen unterscheiden zwischen unschuldiger Unkenntnis und vorsätzlichem Nicht-wissen-Wollen, wobei man sich weigert, auf die innere Stimme zu hören.

Hinter der Praxis von Beichte und Absolution stand einst die Idee der Reinigung der Seele von Dunkelheit und selbstsüchtigen Gefühlen, indem man ihr half, sich zu erheben und Gott zu finden. In Fällen von spontanem Sinneswandel wird die Seele vom Einfließen göttlicher Kraft derart beeindruckt, dass es zu einer völligen Umkehr, einer Sehnsucht zu dienen und zu geben, kommen kann. Man sagt, Jesus, der Christus, habe die Sünden der Welt auf sich genommen und habe durch sein Leben und seinen Opfertod mitgeholfen, das Karma der Menschheit zu tragen. In einem gewissen Sinn nimmt auch die zur Einsicht gekommene Seele das Karma ihrer jüngeren Brüder auf sich, nur in abgeschwächtem Maß.

Gelegentlich wird eine sich inkarnierende Seele, die eine bestimmte Aufgabe zu erfüllen hat, in eine Familie geboren, in welcher die Tendenz zu gewissen Erbkrankheiten besteht. Diese Seele wird je nach ihrer inneren Kraft einer solchen Krankheit standhalten oder erliegen. Es wird ihr eine Gelegenheit geboten, sich zu bewähren. Sie kann ihre seelische Kraft derart steigern, dass sie der Krankheit nicht zu erliegen braucht. Somit bleibt ihr dieser Weg erspart.

Wir möchten die Vererbung nicht als unausweichlich betrachten, denn jede Seele hat bis zu einem gewissen Grad das Selbstbestimmungsrecht, wie sie ihr Karma auszugleichen wünscht. Der Schüler kann auf mehr als nur einem Weg eine Rechenaufgabe lösen. Ebenso kann der Mensch in Ausübung seines freien Willens den eigenen Lebensweg wählen.

Ihr mögt fragen, ob das Ausgleichen eures Karma beschleunigt werden kann. Sicherlich, besonders wenn die Seele »erwacht« und ihr in der jenseitigen Welt eine ihrem Verständnis angemessene Vision des Göttlichen gewährt wird, so dass sie ruft: »Jetzt möchte ich rasch zu Gott zurückkehren.« »Gut, mein Sohn, meine Tochter«, kommt die Antwort, «doch zuvor müssen noch viele Hindernisse weggeräumt und vieles in Ordnung gebracht werden.« Kommt dann die Zeit für eine neue Inkarnation, werden die Lebensumstände so gewählt, dass die Seele rascher zum Ziel kommt. Anderen mag solch ein schwieriges Leben traurig und schmerzlich vorkommen – doch jene, welche die Vision gehabt haben, nehmen ihr Schicksal mutig auf sich. Sie nehmen ihr Karma an, denn sie wissen, dass sie damit ihr Ziel schneller erreichen. Daher können und dürfen wir über einen Mitmenschen niemals urteilen. Was wir nach unserem Maßstab als leichtes Los bezeichnen, empfindet die betroffene Seele vielleicht als ein hartes und schwieriges Leben. Was anderen als hartes Los erscheint, wird vom Betroffenen vielleicht mit innerer Ruhe hingenommen, als Gnade, die alle Erfahrungen, die guten wie die schlechten, zum freudigen Ereignis werden lässt.

Das bringt uns zum Kernpunkt unserer Lehre. Durch ihre Schwierigkeiten fühlt sich die Menschheit oft ans Kreuz geschlagen, doch daraus erblüht im Herzen die herrlich duftende Rose. Diese Rose ist, wie die Mystiker wissen, das Symbol für ein Herz voller Liebe – für das Herz des gekreuzigten Christus – für das Wunder einer opferreichen Liebe, die der ganzen Menschheit erblüht. Mit Abscheu erblickt ihr die Leiden der Welt, doch ihr könnt nicht erkennen, was jenseits der Gegenwart liegt. Wer wollte den Menschen den Duft und die Vollkommenheit der Rose vorenthalten?

Würde Gott der Menschheit das Leiden ersparen, würde ER ihr gleichzeitig die Auswirkung des Leidens vorenthalten, das, nach dem ihr alle strebt, für das ihr lebt, für das ihr erschaffen wurdet – das Erlangen des Christus-Bewusstseins und die damit verbundene unbeschreibliche Freude. Ihr könnt die Rose und das Kreuz nicht voneinander trennen. In den frühen Stadien der Menschheitsentwicklung muss die Rose allmählich am Kreuz erblühen, und in den fortgeschritteneren Stadien dieser Entwicklung schwindet das Kreuz, und nur die Rose bleibt. Dann hat der Mensch das Bewusstsein, dass er in Christus ist und Christus in ihm, erlangt. Deshalb raten wir euch, seid gelassen, seid objektiv. Haltet euch nicht zurück mit Sympathie und Liebe, doch verschwendet eure Gefühle nicht am falschen Ort. Während ihr den Leidenden eure Liebe und Sympathie zuwendet, erinnert euch gleichzeitig, dass das Leid ein Weg zur Erleuchtung ist, zur Geburt des Christus-Bewusstseins im Menschen. Das

Leid wird vergehen und vergessen, doch in der Seele bleibt als Resultat ein verfeinertes Bewusstsein zurück.

Ihr mögt fragen, ob es denn nicht möglich sei, dieses Bewusstsein über den Weg der Liebe und des Glücks zu erreichen? Doch, das ist durchaus möglich. Gott gab den Menschen den freien Willen, und der Mensch wählte den Eigenwillen. Somit wählte er den Weg des Leidens. Gott aber ist weise und liebevoll. In großer Liebe segnet und begleitet ER den Menschen und führt ihn durch das Leid zum wahren Glück.

Friede, meine Freunde, Friede sei in euren Herzen und wisset, dass Gott gut ist!

IX

GEISTIGES HEILEN

Einer der wichtigsten Aspekte auf dem geistigen Pfad ist das Heilen. Allen jenen, die sich als Heiler betätigen möchten, wollen wir nahe legen, dass sie sich selber als Kanal für die göttliche Lebenskraft erkennen, dass sie lernen, sich als Sohne und Töchter Gottes zu sehen und sich bewusst sind, dass sie für alles auf ihren himmlischen Vater angewiesen sind.

Die Heilkraft wird dauernd durch euch fließen, wenn ihr einmal die Technik, die höheren Sinne den kosmischen Heilstrahlen zu öffnen, verstanden habt. Ihr alle könnt zum Instrument für diese kosmischen und magnetischen Heilstrahlen werden. Viele Menschen allerdings verschließen sich diesen lebensspendenden Kräften aus Unkenntnis oder aus anderen Motiven.

Die Aufgabe eines Geistheilers ist es, das heute anerkannte medizinische System zu unterstützen, in Harmonie mit demselben zu wirken und, wenn möglich, mit ihm zusammenzuarbeiten. Es gibt so viele verschiedenartige Menschen auf Erden. Die einen sprechen auf eine ganz bestimmte Heilmethode an, andere wiederum auf etwas ganz anderes. Es wäre auch nicht sehr weise, viel Zeit, Energie und Arbeit für geistiges Heilen aufzuwenden, wenn eine körperliche Störung leicht, einfach und schnell durch medizinische Behandlung oder durch einen chirurgischen Eingriff behoben werden kann. Doch möchten wir betonen, dass die Grundlage allen Heilens geistiger Art ist, und dass der Tag kommen wird, an dem geistiges Heilen auf eurer Erde nicht nur anerkannt, sondern als außerordentlich wichtiger Dienst praktiziert werden wird. Doch zuvor muss der Mensch sich geistig entfalten, ehe er seinen Körper unter Kontrolle hat.

Grundsätzlich entstehen alle Krankheiten im Körper durch einen Mangel an geistigem Licht. Man kann es auch anders ausdrücken und sagen: Krankheit ist ein Mangel an Harmonie, oder ein schlechtes Befinden ist ein Mangel an Wohl-Befinden. Beinahe sieht es so aus, als sei der Mensch sein ganzes Leben lang damit beschäftigt, Disharmonie und Krankheit heraufzubeschwören. Harmonie und Gesundheit bleiben erhalten, wenn das Leben durch den innewohnenden Christus gelenkt wird.

Geistiges Heilen ist durchaus wissenschaftlich. Es bewirkt die Harmonisierung der widerspenstigen physischen Atome. Geistiges Heilen ist wie eine Kommandostimme, die vom Herz-Zentrum aus ertönt, und diese Kraft wirkt größtenteils durch den Heiler, aber auch durch den Patienten. Die Kommandostimme aus dem Herzen ist die *Liebe,* welche die widerspenstigen Atome in Harmonie bringt. Diese werden veranlasst, der Stimme der göttlichen Liebe zu gehorchen. Das ist das Geheimnis des Heilens. Wenn sowohl der Patient als auch der Heiler in vollständigem Einklang sind mit jenem Zentrum der Liebe, dann wird der Patient spontan geheilt, weil er unbewusst den richtigen kosmischen Strahl wählt, den seine Seele und sein Körper benötigt.

Jesus, der große Meister, erbrachte den Beweis für diese göttliche Kraft in vollem Umfang. Er befasste sich nicht mit den Namen der Krankheiten, sondern ging stets zum Kern, zur geistig-seelischen Ursache zurück. Er heilte, indem er das »erweckende« Licht in die Seele einfließen ließ. Er rief beispielsweise: »Lazarus – komm heraus«, und Lazarus kam in seinen Grabgewändern aus der Gruft. Erkennt ihr die symbolhafte Bedeutung dieser Worte? Lazarus war ganz eingehüllt in irdische Belange, in irdisches Denken. Er war wie ein Toter, und die Stimme des Meisters rief:

»Lazarus – komm heraus.« Und so erhob sich Lazarus »von den Toten«. Das ist die Arbeit des wahren Heilers.

Ihr wisst natürlich, dass es in der Seele auch eine Ansammlung von Karma gibt. In gar vielen Fällen liegt die Ursache einer Krankheit tief in der Seele. Sie stammt aus einem früheren Leben und wurde in den heutigen Astralleib einprogrammiert. Der Astralleib wird von den Erfahrungen der Vergangenheit geprägt. Solches im Astralleib gespeicherte Karma wirkt sich manchmal in physischen Krankheiten oder aber in den Lebensumständen aus. Das karmische Gesetz ist genau, gerecht, vollkommen und wahr. Ihr könnt in das Karma eines anderen nicht eingreifen, aber ihr könnt eurem Patienten helfen, sein Karma umzuwandeln. Wenn ihr dem Patienten den Weg zeigt, wie er die Fülle des Christuslichtes in sich einfließen lassen kann, helft ihr ihm, sich selber zu helfen. Auf diese Weise lernt er seine Lektion durch die Transmutation, die Umwandlung seines Karmas, anstatt durch Krankheit.

Sinn und Zweck des Karmas ist die Schulung. Es bietet eine Gelegenheit, gewisse Lektionen zu erlernen, Weisheit zu erlangen und geistig zu wachsen. Ist die Seele arrogant – und das ist so oft der Fall – ist sie nicht gewillt, gläubig anzunehmen, sondern beharrt auf eigenem Besserwissen, dann bleibt nichts anderes übrig, als den vorgeschriebenen Weg zu gehen, d.h. die physische Krankheit durchzustehen. Es gibt allerdings auch Seelen, die freiwillig den Pfad des Leidens wählen, doch diese Entscheidung liegt im Unterbewusstsein.

Das bringt uns zu einem weiteren Punkt: Dränge niemandem jemals geistiges Heilen auf. Die Seele sollte aus freiem Willen geistige Hilfe suchen. Was der Patient benötigt, ist geistiges Licht. Der Zweck des Schmerzes ist es, ihn zum Licht zu führen.

Aus diesem Grunde sollte sich ein geistiger Heiler nicht allzu sehr mit dem physischen Körper und seinen mannigfachen Krankheitssymptomen beschäftigen, sondern mit der Seele und der Aura seines Patienten. Wohl ist es wahr, dass ein Heiler gewisse magnetische Kräfte (Heilmagnetismus) besitzen und so den Patienten vorübergehend von den Symptomen befreien kann. Doch das ist nicht genug. Im geistigen Heilen heilt man die Seele. Zur gegebenen Zeit wird sich die seelische Gesundung auf den Körper auswirken.

Wahres Heilen spielt sich auf der geistigen Ebene ab. Die Heilkraft stammt aus der Christus-Sphäre und von den dort wirkenden göttlichen Kräften. Je nach dem Reinheitsgrad des Heilers fließt die Heilkraft durch seine feinstofflichen Körper und entströmt seinen Händen und seiner ganzen Aura. Genauso wie ein klarer Bergbach ein sauberes Bachbett braucht, um rein zu bleiben, so benötigt der Heilstrom die reine Aura des Heilers. Es geht nicht nur um das Auflegen der Hände, sondern um den Kontakt mit Christus. Durch diesen Kontakt kann die Heilkraft Christi zum Fließen kommen und durch die gedankliche Kontrolle des Heilers auf den Patienten konzentriert oder in ihrer Wirkung intensiviert werden. Aus diesem Grunde ist es verständlich, dass die Methode des Fernheilens genauso wirksam sein kann wie das Auflegen der Hände, sofern sie richtig ausgeführt wird.

ZURÜCK ZUR SEELISCHEN GANZHEIT

In den unsichtbaren Heilstrahlen sind gewisse Eigenschaften vorhanden, Farben, Schwingungen, ja sogar ätherische Düfte, die der Heiler heranziehen kann, um sie an den Patienten weiterzugeben. Wenn ein Mensch krank wird, »fehlt ihm etwas«, oder er ist in seinem seelisch-geistigen Gleichgewicht gestört. Der Heiler wirkt in Zusammenarbeit mit den Heilengeln, damit die Seele das, was ihr fehlt, erhält und der Mangel behoben wird, damit sie ins Gleichgewicht kommt, Gesundheit oder Ganzheit erlangt. Er ist ein Kanal für die reinen, geistigen Kräfte, und deshalb muss er sich bemühen, so zu sein wie die Priester und Priesterinnen in längst vergangenen Zeiten waren. Er muss durch reines Leben, reines Denken und selbstloses Handeln sowie durch korrektes Verhalten zu einem menschlichen Werkzeug des Geistes werden.

Bemühe dich mit ganzer Kraft, bei guter Gesundheit zu bleiben. Überarbeite dich nicht, weder geistig, noch seelisch, noch körperlich. Beachte die Regeln für ein reines, gesundes Leben. Bleibe harmonisch in deinem innersten Wesen. Ernähre dich von den reinen, gesunden Früchten der Erde. Atme das Leben Gottes mit vollem Bewusstsein ein. Sei freundlich zu deinem Körper und zwinge ihn nicht,

Dinge zu tun, die nicht weise sind. Verunreinige ihn nicht mit Rauch. Gönne ihm Ruhe, reinige ihn und ernähre ihn mit gesunder Nahrung und bringe ihn in Einklang mit den reineren Schwingungen der höheren Sphären. Die Grundlage allen Heilens ist das In-Einklang-Kommen des Heilers mit den Kräften der Natur und des Geistes.

Fühlst du dich müde und ausgepumpt, dann besinne dich auf die Notwendigkeit, dich wieder aufzuladen. Gute Methoden des Aufladens sind das Eintauchen der Hände in kaltes Wasser, Beschäftigung mit der Erdkrume oder im Wald spazieren zu gehen. Stelle dich mit dem Rücken gegen einen kräftigen Baum und atme mit ihm. Atme seine Lebenskraft in dich ein und du wirst erstaunt sein, wie erfrischend die Kraft in dich einströmt. Wende dich zur Natur, wenn du müde und abgespannt bist; und wenn du deine Arbeit einfach nicht mehr tun kannst – dann ziehe dich zurück. Mit der Zeit wirst du lernen, wie du dich am besten aufladen kannst, damit du nicht mehr müde wirst.

Entspannung ist wichtig, sowohl für den Heiler als auch für den Patienten, doch die Entspannung muss unter der Kontrolle des höheren Selbst stehen. Lasse deinen Körper völlig entspannt ruhen. Entspanne dein Gemüt und erlaube dem himmlischen Leib, durch den physischen, den astralen und den mentalen Körper hindurch deine Aura mit dem Licht Christi zu erfüllen. So wenige Menschen wissen, wie man sich entspannt. Sie laufen verkrampft herum, ihre Gesichter sind angespannt und sollten doch Entspannung, Frieden und Hingabe an die himmlischen Welten zum Ausdruck bringen.

Je mehr du dich bemühst, zum reinen Kanal für die Heilkräfte zu werden, desto sensitiver wirst du. Darum ist es wichtig, dir zu sagen, wie du deine Aura schützen kannst. Sobald du dir einer negativen oder schädlichen Schwingung bewusst wirst oder denkst, es könnte etwas Unerwünschtes in dich eindringen, dann schütze dich, indem du dir vorstellst, wie du deine Aura »einziehst« und wie einen schützenden Mantel um dich legst. Auch helfen dir einige tiefe Atemzuge. Atme das göttliche Licht in dich ein und lege deine Hände auf das Sonnengeflecht, die Rechte über die Linke, und verharre in positiven Gedanken.

Da die rechte Hand die gebende und die linke Hand die empfangende ist, könnt ihr die linke Hand betend emporhalten und bitten, dass die Heilkraft durch die linke Hand in euch einströmen möge. Sie ist wie ein Magnet. Pulsierende Lebenskräfte strömen in sie ein und dringen durch den Körper in die rechte Hand und von dort zum Patienten.

Die Berührung des Patienten sollte ganz zart sein. Ein ganz leichter Kontakt genügt. Die Strahlung geht sodann von den Fingerspitzen und der Handfläche aus. Seid euch bewusst, ihr Heiler, dass unsichtbare Hände über den euren liegen. Eure Hand ist lediglich die »Elektrode«, die den Heilstrom weiterleitet.

Achte darauf, dass du dich gefühlsmäßig nicht allzu sehr mit dem Patienten beschäftigst. Ein Arzt kann freundlich sein und für seinen Patienten Sympathie aufbringen, doch wenn er weise ist, lässt er jede Emotion aus dem Spiel. Gefühle und Emotionen müssen bei jeder geistigen Tätigkeit unter strikter Kontrolle gehalten werden. Unbeherrschte Gefühle können die feinste Arbeit zerstören und die beste Heilgruppe auseinanderbrechen lassen. Wir raten dir dringend, lieber Freund, überwinde die Schwäche unkontrollierter menschlicher Emotionen, denn nichts anderes hemmt so stark den Fortschritt auf dem geistigen Pfad. Wer weise ist, der ist ausgeglichen, freundlich, ruhig, liebevoll gegen alle und richtet sich unmittelbar an das göttliche Zentrum der Liebe und Weisheit.

DIE MACHT DER GEDANKEN

Das Denken ist ein überaus machtvolles Werkzeug, doch die Beherrschung deiner Gedanken ist absolut notwendig, damit die Seele von ihren Fesseln frei wird. Du musst lernen, deine Gedanken zu kontrollieren, sonst wirst du niemals die Kontrolle, die Meisterschaft auf der geistigen Ebene des Lebens erlangen. Chaotische Zustände sind das Ergebnis gedanklicher Verwirrung. In der geistigen Welt – wenn der kranke Körper zurückgelassen wird, wenn der physische Körper gerade schläft – werden sie mit Hilfe von Farbe, Aroma und Musik überaus effektiv behandelt. Manche verlassen ihren irdischen Körper durch die Pforte des Todes, während sie noch krank sind, und bedürfen dann einer Heilung in der geistigen Welt. Sie sind krank, weil sie denken, krank zu sein. Sie sind davon so fest überzeugt, dass sie diesen Glauben auch im Tod nicht einfach abschütteln können. Seht ihr, warum wir im Feinstofflichen an euch allen arbeiten, um euch zur vollkommenen Gesundheit zu führen?

Gedanken können Gesundheit bewirken, Gedanken können heilen. Gedanken können aber auch Leid und Krankheit hervorrufen, können des Menschen Seele, sein Gemüt und seinen Körper zerstören. Eure Wissenschaft steht erst ganz am Anfang der Erkenntnis über die Gedankenkräfte. Gedanken des Ärgers, der Furcht und des Hasses sind die Wurzeln aller Leiden und aller Kriege. Andererseits sind Gedanken aber auch die Ursache von Schönheit, Harmonie, Bruderschaft und all dessen, was sich der Mensch ersehnt.

Wir selber arbeiten so weit als möglich mit der schöpferischen Macht der Gedanken. Wir versuchen, alle zerstörenden Gedanken zu meiden. Es ist unser Grundsatz, den Rat- und Hilfesuchenden stets positiv zu begegnen und in allem nur das Gute zu sehen. Wir tun dies voll bewusst, auch wenn man uns für einfältige Optimisten halten sollte. Wir wissen, dass wir durch positive Gedanken und dadurch, dass wir immer nur das Gute sehen, mithelfen, das Gute und Positive zu erschaffen. Wir denken nie in Bildern von Pessimismus, Traurigkeit oder Tod. Alles ist Leben. Alles ist Fortschritt und Entfaltung. Alles ist gut. Alles ist Gott. Deshalb sollten jene, die Heiler werden wollen, ausschließlich positiv denken und wirken.

Sprich nie die Vermutung aus, dass dein Patient sterben könnte. Sieh nur das schöpferische, das sich stets verändernde, sich entfaltende Leben. Den Tod gibt es nicht. Glaube, dass Hoffnung besteht, solange das Leben währt. Erwarte nie etwas anderes als das Gute. Es ist die Aufgabe des wahren Heilers, Vertrauen einzuflößen und keine Zweifel oder Furcht. Hilf deinem Patienten, sich harmonisch in das vollkommene Gesetz Gottes einzuordnen. Hilf ihm, eine klare, gesunde Einstellung zum Leben zu bekommen. Richtig zu denken, göttlich zu denken, erfasst das ganze Wesen. Das ist eine gewaltige Wahrheit, und wenn du darüber nachdenkst und meditierst, wirst du verstehen, was wir meinen. Richtige Gedanken sind Gottesgedanken, sind ausgeglichen, liebevoll, rein, heilig und freundlich. Sie sind tolerant und großzügig. Richtige Gedanken beinhalten eine göttliche Einstellung zum Leben.

Geistiges Heilen wird durch die Kraft ernsthaften Strebens ermöglicht. Sind die Gedanken wahrhaft auf Christus gerichtet – dann ist das Christuslicht im physischen Körper spürbar und kann, da es eine gewaltige Kraft besitzt, den Krankheitsverlauf zum Stillstand bringen. Dunkelheit oder Krankheit kann in Licht umgewandelt werden. Das Licht übernimmt die Kontrolle, ergreift Besitz vom Körper und beeinflusst die physischen Atome. So geschehen die Wunder! Doch weltlich denkende Menschen wollen das nicht wahrhaben, wollen es nicht verstehen, wissen es nicht zu würdigen. Wenn wir sagen, dass die Macht der Gedanken fähig ist, Wunder zu wirken, dann meinen wir natürlich göttliche Gedanken, also Gedanken, die aus einem reinen, strebenden Herzen kommen. Ist das Herz auf Gott gerichtet, werden Kräfte herangezogen, die Negatives in Positives, Dunkelheit in Licht umwandeln.

Der Meister Jesus sagte: »Ich und der Vater sind eins«, und »Die Worte, die ich rede, sind nicht meine Worte – es ist der Vater, der in mir wohnt, der sie spricht und die Taten vollbringt.« Jeder Heiler sollte um die Wahrheit dieser Worte wissen, und jeder Patient sollte versuchen, diese ewige Wahrheit zu verstehen, denn sobald der Kontakt mit der Christus-Gegenwart hergestellt ist, auch wenn es nur für eine Blitzsekunde war, ist es, als hätte sich die Kraft Gottes in euch entzündet. Dann vergesst ihr irdische Begrenzungen und erhebt euch in die höheren Sphären bewussten Lebens – und dort werdet ihr von der lebendigen Kraft Gottes aufgeladen. Lasst euch vom irdischen Denken nicht begrenzen.

Zweifelt nicht an dieser Kraft. Entfernt alle Zweifel aus euren Gedanken und wisset tief in eurem Herzen um die Wahrheit dieser unsichtbaren Heilstrahlen und um die Wahrheit des unsichtbaren Lebens.

DIE HEILENGEL

Der Erdenmensch von heute hat sehr wenig Kenntnisse von der Existenz der Heilengel. Doch mit dem fortschreitenden Einfluss des Wassermann-Zeitalters werden viele Menschen nicht nur ihre Gegenwart spüren, sondern sie sogar sehen. Je nach Bedarf und je nach der erzeugten Schwingung kommen zu einer Heilbehandlung die in Sonnenlicht gekleideten Engel in den verschiedensten Farben. Ihr wisst, dass das Sonnenlicht alle Farben des Spektrums enthält. Nun stellt euch die Heilengel in diesen wunderbaren Farben vor. Nichts ist dunkel oder hässlich. Sie erstrahlen im Licht der Reinheit. Diese Engelwesen kommen sehr nahe an den Heiler heran, der einen »gewissen Stoff« beiträgt, den sie benötigen, um den Kontakt mit dem Heilungssuchenden herzustellen. Göttliche Heilstrahlen können sowohl zur Heilung des physischen Leibes als auch zur Heilung seelischer Schwierigkeiten angewendet werden, ja sogar um die dunklen, materiellen Umweltbedingungen, welche die Menschheit bedrücken, zu verändern.

Das Licht reiner, weißer Magie strahlte unaufhörlich aus

dem Herzen Jesu. Jeder Mensch kann auch heute noch diese Strahlung aus dem Herzen Christi in sein eigenes Herz einfließen lassen, und wenn sein Herz freudig und rein bleibt, kann es seinerseits Licht und Heilkraft in alle Welt ausstrahlen.

Die spontane Selbstlosigkeit macht geistiges Heilen zu etwas Wunderbarem. Der Heiler strebt nicht nach Ruhm und Ehre. Täte er dies – er könnte nicht heilen. Er denkt lediglich an den Mitmenschen, an die Linderung von Schmerz und Leid. Die Umwandlung der dichten, düsteren, drückenden Lebensumstände in bessere, harmonischere, ist sein ganzes Anliegen.

So wollen wir abschließend Folgendes sagen: Wer sich nach geistiger Höherentwicklung und Entfaltung inneren Wahrnehmens sehnt, der stelle sich in den Dienst des Heilens. Christus sagte durch Jesus von Nazareth: »Weide meine Schafe.« So gehe hin, mein Freund, und widme dich den kranken Seelen der Menschen, indem du ihnen dienst – sie geistig heilst. So dienst du selbstlos nicht nur der heutigen Menschheit, sondern auch zukünftigen Generationen, und hilfst Gott, für alle Menschen auf Erden bessere Lebensbedingungen zu schaffen.

Meine Freunde, folgt dem Pfad des Dienens, der wahren Güte, der spontanen Lebensfreude und werdet allmählich, wie euer geliebter Meister Jesus, vollkommene Söhne und Töchter des lebendigen Gottes.

WHITE EAGLE
lieferbare Titel

Das große White Eagle Astrologie-Buch	3-922936-68-
Das große White Eagle-Heilungsbuch	3-922936-41-
Das Jesus-Buch	3-89427-007-
Die Meister als Boten des Lichtes	3-89427-228-
Der Pfad der Einweihung	3-922936-22-
Der Pfad ins Licht	3-89427-067-
Der Weg zum höheren Selbst	3-922936-87-
Die Chakras	3-89427-030-
Die goldene Ernte der Liebe	3-922936-38-
Die Heilungspraxis	3-922936-54-
Die Meisterseele	3-89427-057-
Die Perle im Lotos	3-89427-017-
Die Stille des Herzens	3-922936-29-
Die verborgene Weisheit des Johannes-Evangeliums	3-922936-44-
Die vier großen Einweihungen	3-922936-56-
Gebete im neuen Zeitalter	3-922936-14-
Geistige Jahreszeiten	3-922936-79-
In der Stille liegt die Kraft	3-922936-09-
In der Stille liegt die Kraft II	3-89427-101-
Lichtwege	3-922936-98-
Meditation	3-922936-06-
Mit White Eagle durch das Jahr	3-922936-71-
Naturgeister und Engel	3-922936-05-
Sternenlicht	3-89427-160-
Unser geistiger Bruder spricht	3-922936-31-
Vom Leben jenseits der Todespforte	3-922936-27-
Vom Wirken der Weißen Bruderschaft	3-89427-082-
White Eagle/Joan Hodgson - Warum?	3-922936-20-
Weisheit von White Eagle	3-922936-19-
Walter Ohr - Wer ist White Eagle?	3-922936-15-
Wunder des Lichtes	3-922936-13-
Das White Eagle Engel-Buch	3-89427-128-
Das White Eagle Meditations-Buch	3-89427-158-